21세기 연세 인문학 VI

죽음과 문화

박무영 · 홍윤희 · 윤혜준
김진영 · 이재원

연세대학교 대학출판문화원

21세기 연세 인문학 Ⅵ

죽음과 문화

지은이 박무영·홍윤희·윤혜준·김진영·이재원
펴낸곳 연세대학교 대학출판문화원
주 소 서울시 서대문구 연세로 50
http://press.yonsei.ac.kr
ysup@yonsei.ac.kr
전 화 02)2123-3380~2
팩 스 02)2123-8673
등 록 1955년 10월 13일 제9-60호
인 쇄 (주)동국문회

2018년 8월 27일 1판 1쇄
ISBN 978-89-6850-216-3(93800)

값 12,000원

발간사

〈21세기 연세 인문학〉을 발행하며

지식의 대통합을 지향하는 학문의 통섭 혹은 융·복합에 대한 요구가 거세지고 있다. 그 요구의 핵심은 학문들 사이의 소통 단절 내지는 소통 부재를 극복하자는 데 있다. 근대 이전에는 보편적인 학문이 가능했다면, 세계의 탈주술화가 시작된 근대 이후 학문이 더욱 세부적으로 분화되고 전문적인 경향을 띠게 되었음은 부인할 수 없는 사실이다. 이제 그와 같은 개별화와 전문화에 대한 비판적 성찰의 목소리가 높아지면서 넓게는 인문학과 자연과학 간의 소통이 시도되고 있는 상황이다.

그러나 인문학이 사회과학, 자연과학, 예술분야 등과 소통해야 한다는 요구에 부응하는 것보다 더욱 시급한 문제가 있다. 그것은 바로 인문학 자체 내의 대화 부재를 극복하는 일이다. 서로간의 대화가 불가능할 정도로 전공이 세분화되고 그로 인한 소통 단절의 경향은 넓게는 어학과 문학 간의 상호 낯섦에서뿐만 아니라 국문학, 중문학, 일문학 같은 동아시아 관련 학문들 사이의 소원한 관계에서도 드러난다. 이런 현상은 영문학, 독문학, 불문학, 노문학 같은 국가 단위의 외국문학 분야에서는 물론 사학과 철학에서도 마찬가지다. 정약용, 이광수, 공자, 루쉰, 플라톤, 촘스키, 소쉬르, 칸트, 하이데거, 셰익스피어, 괴테, 보들레르, 도스토옙스키 등은 오래 전부터 개개 전공자만이 탐구하고 향유하는 지식의 대상으로 여겨지고 있을 뿐이다. 이렇듯 인문학 내에서 개별 학문이 전문화되는 경향은 한편으로 연구 분야의 심오한 과학적 탐구라는 뜻에서 반가운 일로 여겨졌지만 다른 한편으로 인문학 자체 내의 소통 부재라는 결과를 낳고 말았는데, 이러한 양면성은 인문학 자체가 안고 있는 불편한 진실이 아닐 수 없다.

이제 인문학이 걸어 나가야하는 길이 무엇인지를 모색하지 않을 수 없으며, 그 새로운 전환의 일환으로 〈21세기 연세 인문학〉을 발행하고자 한다. 〈21세기 연세 인문학〉이 여러 상이한 학문이 함께 모여 사유의 일치와 불일치를 주고받는 실험적 대화 공간으로 정착될 것임을 우리는 기대한다.

연세대학교 문과대학
100주년 기념사업
〈21세기 연세 인문학〉 편집위원회

목차

'제망실문(祭亡室文)'의 두 얼굴
- 의례적 기능을 중심으로

박무영(연세대, 국어국문학과)

I.

제망실문은 유교적 상·장례 및 제례에서 남편이 죽은 아내를 위하여 짓는 애도문이다.

조선조 유교사회에서 사족여성이 남성의 글쓰기(한문) 대상이 되는 일은, 특별한 경우나 개인적 예외를 제외하면, 원칙적으로 없다고 할 수 있다. 내외법의 엄격한 적용을 받는 것이 '살아있는' 사족 여성들이기 때문이다. 여성의 삶이 글쓰기의 대상이 되는 것은 죽은 다음 추모의 대상이 되었을 때이다. 조선조 사족여성은 '죽은 사람/귀신'으로서 비로소 남성의 글쓰기 장에 입장한다.

'죽은 여성'이 남성의 글쓰기 장에 진입하는 것 역시 주로 의례문을 통해서이다. 상례와 장례 및 제례 공간에서 수행되는 제문과, 장례의 일부로 '무덤에 묻는 글'이라는 전제를 지니고 작성되는 묘지명, 그리고 묘지명 작성을 위한 자료로 지어지는 행장 등이 여성을 대상 혹은 주제로 하는 한문 글쓰기의 거의 전부이다. 이 글들은 모두 산 자가 죽어서 산 자와 죽은 자의 경계에 존재하다, 육신이 땅에 묻힘으로써 죽은 자로 확정되며, 혼으로 돌아와(返魂) 가묘에 안치되어, 마침내 조상신으로 좌정하게 되는 일련의 과정들과 이에 관련된 의례적 절차에서 지어지는 글들이다. 따라서 제문을 읽는 방법에서 의례적 측면에 대한 고려는 필수적인 것이다.

유교적 상·장례의 기능은 두 가지 방향으로 정리할 수 있다. 하나는 '정서적 통합과 치유'라는 측면이고 다른 하나는 섬세하게 분화되고 위계화 된 '질서의 구현'이라는 측면이다. 전자는 친지의 상실이라는 극단적 국면에서 발생하는 상실감과 애도의 정서를 인간의 상정이라는 차원에서 받아들이고, 그것의 적절한 표출을 통해 개인과 공동체의 정서적 화해와 조화를 도모하는 것이다. 반면 후자는 인간관계의 위계질서를 상·장례의 예절을 통해 분명하게 확정하고 현시하는 것이다. 사회적 위계를 명확하게 정리하여 현시하는, 이 불편할 수 있는 과정은 죽음에 따른 비탄을 처리한다는 매우 감성적인 기능 - 전자와 어우러져 있다. 그래서 人情에 맞으면서도 구분의 질서도 세우는, 禮와 情의 조화[1], 구분과 화해의 기제가 함께 발동하는 현장이 상·장례 의례현장인 것이다. 제망실문은 이러한 의례에 삽입되어, 의례의 일부로 수행된다. 즉 제망실문은 의례의 언어적 수행물이다. 본고는 이러한 제망실문을 그 의례적 기능과 관련하여 살펴보려고 하는 것이다.

II.

정서적 측면에서 유교적 상·장례의 절차는 자연적인 슬픔에 절도를 주어

---

1 이은영의 용어이다. 이은영, 『예와 정의 조화와 변주: 조선시대 애도문학의 형상화 방식』, 역락, 2013.

(節哀) 순차적으로 변하게(順變)하는 것을 목표로 한다.[2] 즉 상·장례의 과정은 격렬한 비탄이 표출하도록 돕는 동시에, 통제되지 않는 비탄에 휩싸이는 것을 조절하며, 절도 있는 반복적인 표출을 통해 비탄의 강도를 점차적으로 경감시켜 마침내 건강하게 일상으로 복귀할 수 있도록 유도하는 장치이다.

'곡'에 대한 의례의 규정을 예로 들어볼 수 있다. '곡'은 상례 초기, 가슴을 치며 펄쩍펄쩍 뛰는 행위(擗踊)와 동반된 '끊이지 않는 곡(不絕哭)'에서, '때때로 하는 곡(隨時哭)'으로, 다시 '정해진 때에만 하는 곡(有時哭)'으로, 마침내 더 이상 곡하지 않는 탈상으로 이어지도록 규정되어 있다. 즉 '곡'이라는 의례적 행위를 통해 반복적으로 슬픔을 배설하도록 하지만 동시에 점차적으로 곡의 강도와 빈도를 줄여가도록 節文화되어 있는 것이다.

다음 정범조의 제문은 곡을 함으로써 정서적 울결을 배설하고, 단계적인 배설행위를 통해 정서적 회복을 성취한다는 곡의 의례적 기능 자체를 글의 모티브로 하고 있다.

> 그러나 슬픔은 곡을 통해 배설되는 것인데, 나의 곡은 몇 차례 되지 않았소. 그대가 돌아가고 나서 지금까지 열 달 하고도 두 달 사이 내가 나그네살이로 떠나 있던 것이 삼분의 이이니, 이는 여덟 달 동안 곡이 없었던 것이고, 돌아와서는 우리 부모의 마음을 상하게 할까 두려워 감히 곡하지 못하고 삭망에만 곡하였으니, 이는 넉 달에 오직 여덟 번만 곡한 것이요. 그러나 곡은 슬픔에서 생겨나고 슬픔은 그리움에서 생겨나오. 나의 곡은 정해진 때가 있었지만 그리워하고 슬퍼하지 않을 때는 없었소.....그리움이 오면 슬픔도 오고, 곡하면 흘려보낼 수 있을 것이니, 이는 곡이 없는 슬픔이 곡이 있는 것보다 심한 것이요. 아아, 지금의 곡은 祥

2 『禮記』 喪禮哀戚之至也 節哀順變也: 集說日 孝子之哀 發於天性之極至 豈可止歇 聖人制禮以節其哀 蓋順以變之也 言順孝子之哀情 以漸變而輕減也

의 곡이요. 상 이후로 나의 곡은 응당 더욱 드물어질 것이니, 내 그리움과 슬픔은 응당 더욱 깊어질 것이요.[3]

망자의 부재가 촉발하는 그리움, 그것이 유발하는 슬픔, 그리고 그 슬픔을 배설하는 '곡'이라는 - 일종의 발생론적 단계를 설정하며 진술하고 있지만, 결국 반복적인 곡을 통해 슬픔을 줄여가는 '곡'의 의례적 기능을 이야기하고 있다. 이 제문은, 그러므로 제대로 곡하지 못한 슬픔은 상·장례가 끝나도 끝나지 못하고 더욱 깊어질 것이라고 말하는 역설적 언급을 통해 자신의 애도를 표현하고 있다.

의례적 행위인 '곡'과 가장 가까이 있는 언어가 제문이다. 정범조의 제문 제목은 <再哭室人文>이다. 인용된 본문에선 '지금 하는 곡은 탈상의 곡'이라고 말하기도 한다. 제문을 곡과 분리하지 않거나 아주 밀착된 것으로 다루고 있는 것이다. 정범조의 경우처럼, 제문은 종종 '哭○○文'으로 표현된다. 달리 말하면 제문은 '곡'의 언어적 형태이다. 따라서 제문 글쓰기의 정신 혹은 기능을 견인하는 것 역시 '슬픔에 절도를 주어, 따라서 변하게 한다(節哀順變)'이라는 의례적 목표라고 할 것이다.

그러나 탈상 무렵 지어진 위의 제망실문은 실상 이미 슬픔으로부터 일정한 거리를 확보하고 있다. 이 제문은 律文도 騈文도 아닌 散體의 제문이다. 그러나 앞 인용의 중략부분에선 모든 문장의 끝에 압운을 하듯 '그러면 그리워진다(而思)'를 반복하는 구법을 구사한다. 뿐만 아니라 전편이 몇 가지 소주제의 반복과

3 정범조, <再哭室人文>, 『海左先生文集』 권33, 한국문집총간a240-078쪽. 然哀待哭而泄者也。而吾之哭無幾矣。自君之亡。至今十有二月之內。吾去而客游者三之二。是八月無哭也。其歸也。懼傷我父母之懷而不敢哭。唯朔望乃哭。是四月唯八哭也。然哭生於哀。哀生於思。吾之哭有時。而蓋無時而不思與哀也.....思至則哀至。哭則可以泄也。是無哭之哀。甚於有哭也。嗚呼。今之哭祥也。祥而後。吾之哭當益疏。而吾之思與哀當益深也。

변주로 이루어져 있다. 소주제들의 반복과 변주를 통해 지속된 글은 마침내 "정이 없다면(忘情) 그리움도 없을 수 있을 터이고, 그리움이 없다면 슬픔도 잊을 수 있을 것이오. 그러니 나의 정을 잊을 수 있겠소?"[4]로 마무리된다. 산체의 문장이지만 섬세한 음악적 조작이 이루어져 있는 것이다. 곡하지 못한 슬픔을 토로함으로써 역설적으로 애도의 강도를 더하는 인용문의 언어 역시 세련된 언어 구사를 보여준다. 결론적으로 이 제문은 매우 정연하게 계산된 문예적 장치들을 포함하고 있다. 이러한 사실은 이 제문이 결코 비탄의 1차적 말하기가 아니라는 것을 말한다. 이 제문의 슬픔은 사실상 격렬한 정서적 분출에서는 이미 벗어나, 일상에서 감당할 만한 수준으로 돌아와 있는 것이기도 하다.

한편 이보다 앞서 지어진 <哭室人文>에서는 "누가 그대의 죽음을 하늘이 한 것이라 하오, 내가 실로 그렇게 한 것이오.[5]"라는, 죄책감을 동반한 비탄과 상실감, 불가능해진 소통에 대한 절망이 좀 더 짙은 농도로 토로된다. 즉 <곡실인문>과 <再哭室人文>의 사이에는 곡을 함으로써 비탄을 줄여간다는 의례의 정신이 정확히 실현되고 있는 것이다.

그런가 하면 제문에는 흔히 '슬픔이 너무 커서 그동안 아무 말을 할 수 없었다.'는 진술이 등장하기도 한다. 다음은 이종휘의 <제망실문> 서두이다.

> 극한의 슬픔은 목이 막혀 말로 할 수 없고, 지극한 정은 슬퍼서 글로 쓸 수 없소. 그대가 돌아가고 달도 이미 바뀌었고, 날로는 50일 남짓이오. 그런데도 여전히 그 정을 글로 쓰거나 그 슬픔을 말할 수 없었던 것은 슬픔과 오열이 절박했기 때문이 왜 아니겠소?[6]

---

4 같은 곳. 忘情則可以無思。無思則可以忘哀。而吾之情其可以忘耶。

5 정범조, <哭室人文>,『海左先生文集』권33, 한국문집총간a240-077쪽. 孰謂君之死天乎。吾實爲之也。

6 이종휘, <祭亡室文>『修山集』권9, 한국문집총간a247 –466쪽. 悲之極者。咽不能言。情之至者。哀不能文。自君之亡。月已閱矣。日又五旬許矣。而猶不能文其情而言其悲者。豈不以哀咽之切故也哉。

이처럼 언급되는 '언어가 불가능한 극단적 비탄'의 상태로부터 겨우 벗어나, 무려 4060자에 달하는 장편으로 자신의 회한을 두서없이 쏟아내는 것이 이종휘 <祭亡室文>이다. 이러한 단계를 거치고, 정범조의 <곡실인문>과 <재곡실인문>과 같은 단계를 거치면서, 극단적인 비탄은 일상에서 감당할 만한 정서로 단계적으로 경감되는 것이다.

이처럼 극단적 비탄으로부터 시작하여 마침내 중용의 정서로 돌아온다는 의례의 구조 속에 제문이 존재하기 때문에, 제문에서는 오히려 격렬한 비탄의 표출이 허용된다. '節哀順變'에 대한 '효자의 슬픔은 지극한 천성에서 나오는 것이다. 어찌 그치게 하거나 막을 수 있겠는가?'라는 해설에서 드러나듯이, 슬픔의 표출을 막지 않고 오히려 배출하도록 장려한다.

> 창자는 마디마디 끊어지려하고, 눈물은 황하를 기우려놓은 듯하오. 살아 끊긴 두 혼이란, 죽어 한 무덤에 묻히느니만 못하오. 어서 죽기 간절히 빌 건만, 신께선 이 소원도 들어주질 않소. 기나긴 낮과 밤들, 이 삶은 참으로 고통스럽소.[7]

이광사의 제망실문에서 슬픔은 '어서 죽기를 빈다'는 극단적인 언어로까지 표현된다. '죽음을 재촉하는 부적'인 흰 수염을 보자 '기뻐 떨린다.'[8]는 자학적 애도에 이르면 살아있음에 대한 죄의식까지 엿보인다. 자신의 신체를 부모의 남기신 몸(遺體)으로 관념하여 '감히 상하게 할 수 없다'고 교육받았던 조선조 유자가 공개적으로 표현할 수 있는 발언의 도를 넘는다.

<亡妻柳氏初期祝文>과 <亡室柳氏禫祭祝文>같은 제문들에서는 그러한

---

7 이광사, <제유씨분전서>, 『두남집』 권2. 腸同欲寸斷, 涕淚如河傾. 生而斷魂, 不如死而同穴. 切祈速化, 而神不徯願. 永日長夜. 此生良苦.

8 이광사, <亡妻柳氏初朞祝文>, 『원교집』 권6, 한국문집총간a221-502쪽. 我至前年 須髯如漆. 始生二毛 不過六七. 未及週歲 欲半成雪. 是催死符 見輒忻拂. ,

비애의 극단에서 마침내 일종의 환상적인 장면들이 산출되기도 한다.

위로는 구름 하늘, 아래는 높고 가파른 산들
멀리는 호수와 바다, 가까이는 성궐
봄 언덕엔 활짝 핀 꽃들, 가을 연못에 비추인 달빛
나는 시를 노래하고, 당신은 패옥 소리 달랑거리지.
서로 가리키며 기뻐하고, 웃음소리에 마주 웃네.
가도 구속하는 것 없고, 와도 가로막지 않네.
무지개다리는 버선발로 건너고, 신령한 샘에서 머리를 감네.
바람을 잡아타고 氣를 부리니, 별이 반짝이고 번개가 친다.
원교를 지날 때마다, 한 번 목매여 우나
천년만년, 자유롭고 자재롭다.[9]

생각컨대 꽃다운 영령께선 구름을 타고 하늘에 올라, 하늘 문을 밀치며 부르짖어, 상제를 뵙고 호소하시리. 지극히 어진 상제께서는 반드시 불쌍히 여겨 돌아보시고, 태을신께 시켜 혼백을 다시 모으게 하시리. 놀라지도 두려워하지도 말고, 잘 지키고 보호해서, 가서 남겨진 몸을 찾아, 즉시 돌아오오. 관에서 못이 저절로 빠지고, 목 졸린 것 저절로 베가 풀리리다. 이미 묻혔으나, 상제의 신묘하신 도움으로, 삼태기와 삽으로 수고하지 않아도, 관은 저절로 묘에서 나올 것이오. 꺼졌던 등잔이 다시 타오르듯, 사나운 꿈에서 비로소 깨어나니, 홍안은 예전으로 돌아가, 봄빛이 따뜻이 내려쬐는 듯. 그 웃음 어여쁘고, 그 나아감은 춤을 추는 듯. 내가 북쪽에 있다는 말을 들으면, 여장을 꾸려 멀리 달려오리다. 세상을

9 이광사, <亡妻柳氏初朞祝文>, 『원교집』 권6, 한국문집총간 a221-502쪽. 高是雲天, 低是巃嵸. 遠是湖海, 近是城闕. 春岸繁花, 秋潭映月. 我唱歌詩, 君響珮玦. 相指而喜, 相笑其咥. 去無拘管, 來莫天閼. 虹橋度襪, 靈源灑髮. 驂風御氣, 星閃電欻. 每過圓嶠, 爲一嗚咽. 千歲萬齡, 自由自逸.

건너 서로 만나니, 그 기쁨 비길 수 있겠소.[10]

이광사의 제망실문들에서는 도가적 이미지가 사용된다. 그러나 도교와 불교에 대한 그의 엄격한 배척의 태도를 고려하면 이러한 사실을 사상적인 측면에서 이해할 수는 없다. 오히려 <망처유씨초기축문>의 빛나는 환상적 세계는 현실적 비탄을 수용하지 못하는 작가의 심리가 빠져드는 현실에서의 일탈이라고 해석해야 할 성질의 것이다. <망실유씨담제축문>에서는 망자가 죽음으로부터 부활하여 걸어 나오는 장면(인용)이나, 심지어 "이것이 혹 여의치 않으면, 또 다음으로 바라기는/깊은 규중의 貞女가 혹 갑자기 죽어/아직 썩지 않았으면, 혼을 던져 실어서/모양은 다르나 마음은 같으니, 못 다한 인연 다시 굳혀봅시다."[11] 같은 술회도 등장한다. 재생과 환생의 모티브가 등장하는 것이다. 이 역시 같은 차원에서 해석될 종류의 것이다. 즉 유교적 의례에서 말해지는 이러한 도가적 환상은 오히려 극단적인 슬픔의 역설적 표현이다. '슬픔을 절실하게 표현할수록 좋은' 애도문의 성격이 극단적인 경지까지 해석되고 있는 것이다.[12 13]

---

10 이광사 <亡室柳氏禫祭祝文>,『圓嶠集』 권6, 한국문집총간 a221-503쪽. 意謂英靈, 參駕雲馭. 排閶叫闔, 謁帝號籲. 以帝至仁, 必乘矜顧. 附囑太乙, 令營魄復聚. 不震不思, 善攝善護. 去尋遺幹, 卽得還度. 棺自脫衽, 絞自解布. 雖已葬下, 以帝神助. 不勞畚鍤, 棺自出墓. 滅鐙復炷, 噩夢初寤. 紅顏反故, 如春陽煦. 瑳然其笑, 躚然其先. 聞余在北, 趣裝遠赴. 隔世相逢, 其喜可諭.

11 같은 곳. 是或不諧, 又有望庶. 深閨靜女, 死或溘遽. 未及殞殎, 載魂投據. 貌異心是, 餘緣復固.

12 유가적 제문에서 언급되는 귀신설이나 환생설은 흔하진 않지만, 이광사에게서만 확인되는 것은 아니다. 다음 생에 남자로 환생해서 사우가 되자는 송능상의 당부 같은 것은 주자도 '재생지설'을 이야기한 적이 있음을 근거로 내세우기도 한다. 송능상,<祭故室孺人閔氏文 己未>,『雲坪先生文集』 권8, 한국문집총간 a225-233쪽. 惟鬼神之說。極多般樣。朱夫子盖嘗亦有再生之論。願君以平日之精爽。必自謀於司命者。而復降爲人。而爲男子而復得大智慧而來歸於余。而復結人間師友之倫。相觀交修。以大副宿世自爲之願。畢平日獻忠之志焉。嗚呼。其能然乎。其不能然乎。

13 물론 이광사의 제망실문들은 부인 유씨가 자신으로 인해 자결했으며, 유배객의 위치에서 지어진 제문들이라는 특수성이 있으며, 또한 상·장례 절차가 끝나도록 슬픔의 강도가 줄지 않는 특성도 보인다. 그럼에도 불구하고 이광사의 제망실문들은 유가적 의례에서 사용되는 제문이 어디까지 감정적 분출을 드러낼 수 있는지 보여주는 극단적 지점으로서 의미를 지닌다. 극도로 말을 조심하는 태도를 견지하여 일종의 '언어적 거세' 상태에 있었던 유배지의 이광사가 지은 제망실문이라는 점도 적어도 제문이 일종의 정서적

유교적 상·장례의 초점은 '산 자'이다. 산 사람이 망자의 죽음을 기정사실로 받아들이고, 극도의 정서적 혼란을 극복하고 평상으로 돌아오도록, 그리하여 일상에서 건강한 추모를 지속할 수 있도록 하는 것이 『예기』에서 비롯하여 『주자가례』에까지 관통하는 상·장례의 기본적인 정신이다. 따라서 제문에서는 종종 유교가 요구하는 정서적 중용의 상태 - '슬퍼하되 상하는 지경에는 이르지 않음(哀而不傷)'의 범주를 벗어나는 극단적인 비애의 토로도 용인되는 것이다. 즉 일종의 정서의 해방구가 존재하는 것이다. 그러나 이러한 해방구는 의례의 시공간에 형성되는 일종의 잠정적인 정서적 해방구이다. 최종적으로는 의례의 과정을 거쳐 평상으로 돌아올 것이 전제되는 것이 유교적 상장례이기 때문이다. 그런 면에서는 결국 '애이불상'에 이르는 한 과정이기도 하다.

III.

제망실문에 거의 빠지지 않고 포함되는 것이 죽음에 이르게 된 병과 그 진행 상황 및 치료내용에 대한 진술이다.

> 그대가 평소 風濕의 증세가 있었으나 기력이나 모발은 나보다도 나았소. 일시적인 우연한 질환이라 처음에는 걱정거리가 아니었소. 그러나 소홀히 여긴 데서 우환이 생겨 삼일 만에 갑자기 절명하는 증상이 될 줄이야 누가 알았겠소? 운명은 참으로 이미 정해져 있었던 것이겠소만, 사람의 일에는 실로 책임을 다하지 않은 것이 있었소. 어찌 하늘의 책임으로만 돌리겠소.[14]

해방구라는 점을 드러낸다. 박무영, "이광사 제망실문 연구-18세기 제망실문 연구의 일환으로-", 『국어국문학』 138호, 국어국문학회, 2003. 참조.

김흥락의 이 발언은 제문에 그토록 반복적으로 질병 서사가 포함되는 까닭을 보여준다. 운명은 어쩔 수 없다고 체념되지만(종종 '이해'되지만) 과연 적절한 치료가 제 때 이루어졌는지에 대한 반추는 다양한 층위에서 행해진다. 그것은 망자가 죽음에 이르게 된 과정에 자신의 책임이 없었는지에 대한 끈질긴 되짚어보기이다. 그리고 마침내 대부분 '내 탓'이란 자책으로 귀결된다. 정서적으로는 회한과 죄책감으로 물든다.

제망실문에서의 병에 대한 서사는 종종 가난에 대한 서사로 이어진다. 정범조의 제문에서는 죽음의 직접적인 이유가 된 병에 대한 서술에서 끝나지 않고, 병의 간접적 원인이라고 고려되는 평소의 가난으로까지 추적해 올라가며 망자의 전 인생 – 자신과 결혼한 이후 망자의 삶에 대해 반추한다. 그리고 죽음의 원인이 된 가난한 삶을 제공한 당사자로서의 죄의식을 토로한다. 그리하여 '내가 죽였다는 것을 내가 안다'는 반성적 고백이 통렬하게 반복된다. 가슴을 두드리며 벽용하는 슬픔의 표현에 버금갈 죄책감의 표현이다.[15] 강세황의 제망실문도 같은 죄의식을 토로하며 다음과 같이 마무리한다.

> 그대의 가난이 나 때문이고, 그대의 병이 나 때문이고, 그대의 죽음이 나 때문이었소. 내가 무슨 마음으로 이 세상에서 스스로 사람이라 자처하며, 내가 무슨 얼굴로 저 세상에서 그대를 만나보겠소.[16]

---

14 김흥락, <祭故室淑人李氏文 庚寅>,『西山先生文集』 권16, 한국문집총간 a321 –311쪽. 君素有風濕之祟。而氣力毛髮。視我猶勝。一時偶然之患。初非所慮。而誰知患生所忽。奄絕於三日之證耶。大命固有前定。而人事實有不盡分處。豈可專諉之在天者耶。

15 정범조, <哭室人文>,『海左先生文集』 권33, 한국문집총간 a240-077쪽. 人皆謂壽殀生死在天。吾固知在天。若君之死。則吾爲之也。非天爲之也。吾家素貧匱。而至庚申辛酉之際爲甚。而君之歸我在是焉。庚申辛酉固甚。而至乙亥丙子之際爲尤甚。而君之主饋事在是焉。食有不能經日而進。則吾知饑之必病君也。衣有不能歷歲而御。則吾知寒之必病君也。如是者十年之積。則吾知病之必死君也。病發而果元氣先陷。饑之爲也。咳且脹。寒之爲也。積二十有餘日。而竟以是病死也。夫君未必病而貧而病。君未必死而貧而死。可以無死者存乎人。而可以死者不存乎天。則嗚呼孰謂君之死天乎。吾實爲之也。

때로 이 과정은 강박적일 정도로 세세하게 진술된다. 4060자에 이르는 이종휘의 제망실문은 절반가량을 아내가 죽어가는 과정과 그에 결부된 가난에 대한 서술로 채운다. 그런 이종휘의 반추와 죄책감은 마침내 자신의 인생에 대한 성찰과 고백으로 이어진다.

> 그대가 돌아간 뒤 우연히 '양 자운의 집엔 재산이 십 금(十金)도 되지 않았는데, 가난해서 항아리에 담긴 것이 없어도 늘 편안했다'라는 글을 읽었소. 책을 덮으며 "자운이 이러한 행동을 했으니, 양자운의 아내가 어찌 생활했을지 알 수 없구나. 나는 자운 같은 문장도 없으면서 그 물정 모르는 것만 가깝구나."하고 탄식했소........비로소 양 자운 같은 자는 인정에 어긋난다는 것을 깨달았소. 바위 사이에 사는 奇士의 행실도 없으면서 처자를 연약하게 만드는 것은 군자에게 비난을 받아 마땅하오.[17]

유교사회에서 아내의 삶은 하늘(所天)인 남편에게 전적으로 종속된 것이다. 따라서 아내의 삶에 대해 반추하는 것은 곧 자기 삶의 私的인 측면을 반추하는 것이기도 하다. 유교 문화에 지어진 남성의 자전적 글들에서는 내면적 참회나 고백의 글 – 서구적인 의미에서의 '자서전'을 찾아볼 수 없다고 말해진다. 그런데 그러한 내밀한 고백과 참회의 언급을 오히려 아내의 죽음을 애도하는 글들에서 만나게 되는 것이다. 그것은 유교적 부부관계의 특수한 측면에서 유래하는 것일 것이다. 즉 아내란 한 성인 남자의 사적인 부분의 다른 이름이기 때문이

---

16 강세황, <祭亡室文>, 『石堂遺稿』 권2, 한국문집총간b085 –029쪽. 子之貧也由吾。子之病也由吾。子之死也由吾也。吾何心稱人於斯世。吾何面見子於九原也。

17 같은 곳. 君亡之後。偶讀揚子雲家産不滿十金。乏無甔石之儲。常晏如也。掩卷而歎曰。子雲作此擧措。不知揚姥。何以過活。余無子雲之文。而其迂則近之.....始知如子雲者不近人情。無巖處奇士之行。而使妻子軟弱。宜其見誚於君子也。

다. 이종휘의 이 제문은, 제망실문을 통해 '奇士의 행실도 없으면서, 살림을 돌보지 않아 아내를 희생시킨' 삶의 허위성에 대한 근원적인 성찰과 고백에 도달하기도 한다는 것을 보여준다.

그러나 이러한 반추와 고백이 근본적인 문제 해결을 위한 노력으로 이어지는 것은 아니다. 거의 모든 제망실문은 비슷한 죄책감과 고백의 패턴을 반복한다. 그것은 문제가 개인적인 것이 아니라 구조적인 것이라는 사실을 암시하며, 이러한 고백행위는 오히려 유교사회가 지속 가능하도록 하는 장치라는 의심을 하게 한다.

유가의 儀禮書들은 상·장례 및 제례에 내재된 정서적 치유의 과정을 개인적인 치유의 과정으로 설명한다. 그러나 의례가 의례공동체를 전제로 하여 성립하는 것이라면, 의례의 정서적 치유 기능에는 의례 공동체적 차원도 존재한다고 할 것이다. 슬픔은 의례에서 낭독되고, 그 치유기능은 상·장례에 관여된 사람들 공동의 것이 된다. 의례공동체는 망자에 대한 애도와 죽음에 결부된 죄의식을 공유하고, 망자에 대한 지극하고도 적절한 예우를 통해 충분히 망자를 위로하였다는 정서적 공감과 산 자들 사이의 죄의식과 원망을 의례적으로 공유함으로써 정서적 통합을 이룩한다. 그러므로 지극히 '개인적인' 죄의식의 토로와 비탄의 정서조차 의례적 공간에서 공유된다는 의미에서 집단적인 것이 된다. 즉 상장례에서 낭독되는 제망실문은 상주 개인의 정서적 치유를 중심으로 하지만, 동시에 의례를 설정하고 집행하는 의례 공동체 전체의 정서적 치유와 재통합을 모색하는 과정이기도 하다고 보아야 할 것이다.

예로 죄의식의 근원이 되는 가난에 대한 서사를 이야기할 수 있다. 유교 사회에서 선비의 아내가 겪는 가난이란 어느 정도 제도적인 것이기도 하다. 유교 문화는 선비의 윤리적 태도로 固窮과 安貧樂道를 강조한다. 그리고 생활의 그 현실적 측면을 아내에게 지운다. 그리고 그것을 내조의 핵심적인 부분으로 교육한다.[18] 강세황의 제망실문에서 보듯이, 아내의 가난이 강조될수록, 그리고 그 반대쪽에 있는 경제적 초연함에 대한 남편의 죄책감으로 강조될수록, 이 한 쌍의 부부는 유가적인 이상적 부부상에 접근한다. 이러한 문화에서는 아무리 죄책감을 토로하고 마침내 위선적 태도나 허위에 대한 통찰에 이른다하더라도, 망자의 고난은 결국 반복될 성질의 것이다. 그러므로 이 가난에 대해서는 의례에 참석한 모든 의례공동체가 - 이 경우에는 망자의 친족들 - 망자에 대해 공동적으로 지닌 회한이며 죄의식일 수밖에 없다. 가난에 대한 서사와 죄책감과 결부된 비탄이 망자와 가장 가까운 사람인 남편에 의해 토로되는 장면은 이 의례에 직간접적으로 참석하는 모든 의례공동체가 서로 공감하고 위로하며 수행할, 일종의 카타르시스의 계기로 작동한다고 보아야 하는 것이다.

IV.

제문에서 이루어지는 애도는 다른 방향의 글쓰기로도 실현된다. 그것은 망자의 덕성과 공로를 현양하는 것이다. 이러한 칭양은 대부분 상실감의 정서와 함께 정서적으로 서술된다.

> 돌아보면 나는.....병에 곡식이 없어도 알지 못했고 상자에 옷이 없어도 물어보지 않았소. 자네도 내가 이렇다는 걸 알아 한 마디도 내 귀를 번거롭게 한 적 없이, 홀로 짊어지고 경영하고 다스렸소. 이에 나는 책장이나 뒤적이고 붓 머리나 놀

18 권구의『내정편』속 <치ᄉᆞᆫ>조의 다음과 같은 언급을 대표적인 예로 들 수 있다. "사람의 집이 일며 ᄑᆡ하기ᄂᆞᆫ 거의 가ᄉᆞᆫ셩ᄑᆡ의 잇고 가ᄉᆞᆫ셩ᄑᆡ 거의 부인으게 이스니 세업을 보젼치 못ᄒᆞ여 긔ᄒᆞᆫ공궁ᄒᆞ야 사망이르난 ᄌᆡ 달리 그런 이도 잇거니와 대강 부인의 치ᄉᆞᆫ ᄌᆞᆯ 못ᄒᆞ긔로 일워나니 만ᄒᆞ고 젹슈로 긔가ᄒᆞ여 양반 몰골을 일치 아니ᄒᆞᄂᆞᆫ ᄌᆡ 달리 그러하니도 잇거니와 대강 부인의 치ᄉᆞᆫ ᄌᆞᆯ ᄒᆞ기로 일워나니 만ᄒᆞ니 이른고로 옛사람이 이르대 집이 가ᄂᆞᆫᄒᆞᄆᆡ 어진 안ᄒᆡᄅᆞᆯ ᄉᆡᆼ각ᄒᆞᆫ다 ᄒᆞ니 엇지 조심치 아니ᄒᆞ리요" 성병희, "병곡선생의 내정편",『안동문화총서』권1, 安東大學安東文化硏究所, 1989, 109쪽.

릴 뿐이었소. 간혹 오래 경성에 노닐면서 돌아올 줄 모르기도 했으니, 아이들의 공부 같은 것조차 그대에게 맡겨졌소. 지금 누가 다시 나의 배고픔과 추위를 생각해줄 사람이 있겠으며, 일용의 백 가지 물건이 떨어진들 누가 다시 변통하고 마련해서 끊이지 않게 해줄 사람이겠소? 또한 내 한 몸의 굶주림과 배부름, 추위와 따뜻함만을 전부 그대에게 맡긴 것이 아니라 온 집안 열 식구의 배부름과 굶주림, 추위와 따뜻함도 그대의 심력이 미친 바가 아님이 없소. 그런데 그대가 돌아가셨으니, 이런 일들을 다시 누구에게 의지하겠소?.....내가 슬퍼하는 모든 것은 비단 이것만이 아니오. 그러나 지금 다 말할 수 없고, 다 쓰고 싶지도 않소. 나는 다시 어찌 이런 것들을 감당하면서 오래 이 세상에 머무를 수 있겠소[19]

강세황은 상실감과 비통을 전경화하고 있지만, 그것을 뒷받침하고 있는 것은 며느리·아내·어머니로써의 역할을 충실하게 해내었던 망자에 대한 인정과 칭송이다. 그러므로 제문을 쓰는 자가 슬퍼할수록 망자의 공로는 더욱 강조된다.

강세황의 제망실문에서 상실감으로 포장되었던 칭양은 종종 다음과 같이 집중적으로 서술되기도 하고, 때론 더 간단히 축약된 조목으로 나열되기도 한다.[20]

---

19 강세황, 앞글. 顧吾懶拙踈迂。百不猶人。旣不能治擧業取名利。爲室家榮光。於産業事尤蒙昧而濶畧。瓶無粟而不知。篋無衣而不問。子亦知吾如是。未嘗以一言煩吾耳也。獨擔荷而經理之。乃吾則翻書葉弄筆頭而已。或久遊京城而忘返。至若兒輩課讀。亦委之於子。今焉誰復有念吾之飢寒者。日用百物之罄乏。誰復措辦而不絕者。又非特吾之一身飢飽寒煖。全付於子。擧家十口之飢飽寒煖。亦莫非子之心力所及。而子之逝也。此事更靠於誰也。....凡吾之悲者。又非但此也。而今不能盡言。亦不欲盡書。又何能堪此而久住斯世耶。

20 윤광현, <祭亡室孺人姜氏文>,『靜一堂遺稿附錄』, 한국문집총간 b111-598쪽. 君之于歸。父母安之。娣姒宜之。宗黨稱之。婢僕依之。室無升斗之儲。而奉祭祀。罔或有缺。囊罄錙銖之資。而接賓客。必盡其歡。信於踐言。及期則一刻不宿。明於辭受。非義則一介不取。急於周濟。簡於自奉。嚴於律己。寬於責人。

......군자를 섬겨 어김이 없었고 의식을 봉양함에 반드시 갖추어주고자 하였소. 손이 오면 마음을 다하여 찬을 마련하였고, 비복을 부릴 때는 은혜와 위엄이 함께 이르렀소. 이웃을 대함에는 은혜와 의리를 번갈아 시행하였으니, 빌려주는 것은 그 유무에 따라했고, 구휼함은 반드시 곤궁한 사람들에게 미쳤소. 사람과 사물을 대함에는 항상 온화하고 세심하여 사람들 마음에 싫어하지 않았으며 상하에 이간질하는 말이 없었소. 자녀에게 잘못이 있으면 문득 꾸짖고 책망하여 사사로운 애정으로 넘기는 일이 없었소. 성품이 몹시 고상하고 깨끗해서 자신의 것이 아니면 터럭 하나도 취하지 않았소. 그러므로 비록 군색하고 급한 때를 당해도 비리하고 구차하게 구하는 말과 빛이 말투와 몸에 배지 않았소. 남의 부귀와 영화를 보더라도 부러워하고 아름답게 여기는 바가 없었소. 또한 사무에 널리 통하여 길쌈하고 술과 밥을 마련하는 외에 의약으로 치료하는 방책도 만나는 경우에 따라 서투르지 않았소. 깊고 멀리 생각하여 일을 헤아림에 틀림이 없었소. 남들에게 사사로운 은혜나 작은 은혜를 베풀어 명예를 구하지 않았소. 세상의 부녀들이 문학이나 이야기하는 것을 좋아하는 것을 보면 매우 그르다고 여겼소. 그러므로 고금의 사실을 많이 통달하고 알면서도 안다고 여기지 않았소. 오직 누에 기르고 실을 잣고, 바느질하는 것을 일로 삼았소.....「女則」의 婦道로 헤아려 보아도 거의 부끄러울 바가 없구려.[21]

이이순의 <祭故室宜人宣城李氏文>에 형상화되어 있는 망자의 모습은, 자

---

21 李頤淳, <祭故室宜人宣城李氏文>, 『後溪集』 권8, 한국문집총간a269 - 258쪽. 事君子無違 供奉衣食 必欲備至 賓客之來 極意具饌 御婢僕 恩威竝至 待隣里 惠義交行 稱貸隨其有無 周卹必及困窮 與人接物 未嘗煦煦孑孑 而人心不厭 上下無間言 子女有過 輒加譴責 不以私愛而有所假借 性甚雅潔 非己之有 一毫不取 故雖當窘急之時 鄙俚苟干之辭與色 不設於口氣身體之間 見人之富貴榮利 無所歆豔 又能博通事務 組紃酒食之外 醫藥救療之方 隨遇不疎 深思遠慮 料事不謬 與人未嘗施以私恩小惠以要譽 見世之婦女好文辭言談者 則深以爲非 故古今事實 多有通解 而不以爲知 惟以課蠶績縫衣裳爲事.......揆之以女則婦道 亦庶幾無所愧矣",

식들에게 어머니의 행적을 알게 하려는 것이 목적이라고 밝히고 있음에도[22] 구체성을 사장한 것이다. 망자의 모습은 여성 수신서들에서 제시되는 덕목을 남김없이 나열하는 것으로 대체되어 있다. 인용의 마지막 부분에서 명시적으로 요약하듯「女則」에 제시된 여성규범을 남김없이 실천한 완벽한 모습이다. 그리고 이처럼 정형화된 칭양은 길든 짧든 대부분의 제망실문에 삽입되는 것이기도 하다.

물론 망자의 삶을 정형화, 이상화 하는 이러한 칭양방식은 때로 비판적 시선의 대상이 되기도 한다.

> 생사의 이치에 대해서도 감응을 말할 뿐이다.......성인이 그렇다는 걸 알아 제사의 禮와 歌·頌의 글을 제정하여, 그 음식 차리는 것을 흉내 내고 그 덕업을 형용하게 하셨다.......후세에 이르면 마침내 그 일이 부풀려져서, 애도와 그리움의 정이 시와 문장으로 한 번 발하면, 그것을 만사니 애사니 제문이니 뇌문이니 이름을 붙이고, 술잔과 밥그릇을 차려놓고는 절절하게 읽는다. 심한 자는 거의 편지처럼 빈번하기도 하다. 과도한 말이 그 사람이 아니기도 하고, 자질구레한 말이 귀신을 업신여기는 것에 가깝기도 하다. 이런 것이 귀신을 감응시킬 수 있다고 한다면 또한 아닐 것이다. 도리어 그만두는 것만 못하다.[23]

심노숭은 이상화된 덕목을 나열하는 방식으로 망자를 재현하는 것은 망자의 진실한 형상이 아니라는 점에서 망자와의 정서적 應感을 불가능하게 만드는

22 앞글, 261쪽/ 僅能綴其若干行事 以告于靈具 以遺庚兒輩識之 嗚呼 渠輩他日 尙不記顔面 況行與事乎.

23 심노숭, <書告祭文後>『孝田散稿』6, 연세대중앙도서관 소장본 死生之理, 亦惟曰感應而已.......聖人知其然也, 制爲祭祀之禮·歌頌之文, 象設其飮食·形容其德業......至後世, 遂張大其事. 凡有悼念之情, 一發於詩文, 名之曰輓詞·哀辭·祭文·誄文. 切切以酒杯飯盂陳, 而讀之. 過者, 殆頻繁如書疏. 溢辭而或非其人, 瑣語而或近慢神. 謂此可以感神, 則亦未矣. 而反不如已之也.

것이라고 비판한다. 제사를 통해 신령과 소통할 수 있는 근거는 아직 완전히 흩어지지 않은 혼백이 제사 주재자의 정성에 감응하기 때문이라는 것이 유교적 제사의 성립 원리이다. "혹 한 오라기의 수염이나 털이라도 같지 않으면 곧 다른 사람에게 제사를 지낸 것"[24]이라는 명제는 영정 대신 신주를 사용하여 유교식으로 제사를 지내는 것에 대한 강조이기도 하지만[25] 제사의 대상인 망자를 재현하는 방식에 대한 태도이기도 하다. 따라서 망자를 언어적으로 재현하는 제문의 서술 역시 망자를 추상화하거나 왜곡해서는 '그 사람이 아니기 때문에' 망자와의 접속을 오히려 불가능하게 한다는 것이다.

이어지는 부분에서 심노숭은 제문이란 가·송과 다를 뿐 아니라 행장이나 묘지와도 다르다는 장르론적 언급을 한다. 그러면서 "갑자기 장황하게 평소의 착한 언행과 높은 재주와 덕만 말하며 이러한 까닭에 잊을 수 없노라 말하는 것과 같은 것이오. 그 사람이 어찌 발끈 노하여 '이는 나를 업신여기는 것이다. 이렇지 않다면 과연 잊겠다는 말인가?' 하지 않겠는가[26]" 반문한다. 제망실문이 지니는 의례적 성격에 기반을 두고 형식적인 과도한 칭양의 글에 대해 비판하고 있는 것이다.

이처럼 비판이 제출되고 있었음에도, 전형적인 칭양이 제망실문에 거의 반드시 드러나는 것은 그만큼 이 부분이 제망실문의 주요한 요소라는 것을 의미한다. 이 부분에 대해 더 이야기 해보자.

제문은 달리 '祝文'으로도 지칭된다. 즉 상청에서 의례의 집행자인 祝에 의해 낭독되는 글이다. 비록 망자를 표면적인 수신자로 하고는 있지만, 이 점에서

---

24 주희,『近思錄』 권9,「治法」 今人以影祭 或一髭髮不相似 則所祭已是別人

25 강관식, "털과 눈 – 조선시대 초상화의 제의적 명제와 조형적 과제",『미술사학연구』, 한국미술사학회, 248호, 2005. 100쪽.

26 앞글, 文類余嘗以爲祭文異於歌頌誌狀 而世俗多作爲行錄而告之 未見其哀動感神 比如寄書於遠征之人 未嘗道其離索之戀 勞其行旅之苦 乃忽張皇說其平日言行之善 才德之高 而曰 能如是故 不能忘也 其人豈不勃然怒曰 是慢我也 不如是 果相忘乎云爾 人之際 理豈相遠 心所非者 不欲爲之

발신자와 수신자의 폐쇄적 회로에 존재하는 편지와는 구분된다. 제문의 실제 청자는 의례에 직간접적으로 참여하고 있는 의례공동체이다. 때문에 제문은 방백에 해당하는 말하기이다. 나아가 제문은 일회적으로 낭독되는 것에 그치지 않고 종종 문집에 수록되거나 인구에 회자되며 심지어 다른 제문에서 인용되기도 한다. 가문 내에서 수집되고 때론 언해되어 가문 내 여성들에게 제공되기도 하다. 즉 제문은 의례공간을 넘어서는 문맥까지 고려할 수밖에 없는 글이기도 하다. 이것은 제문에 망자에 대한 칭양이 필수적으로 포함되는 것이 칭양을 통해 망자를 위안하고 그것을 통해 산 자의 슬픔을 덜어내는 애도 이상의 의례적 용도가 있었다는 말이기도 하다.[27]

제망실문은 남편이 짓는 아내의 제문이다. 따라서 제망실문의 특수성은 유교적 부부관계의 특수성과 밀접한 관련이 있고, 망자가 반드시 남편의 입을 통해 칭양 받아야 하는 까닭이기도 하다. 이 점을 이종성은 다음과 같이 명시적으로 언급한다.

> 다만 생각건대, 부인이란 남에게 종속된 사람이고, 공로의 명성과 실제가 외부로 드러나지 않는 사람이오. 오직 그가 하늘로 여기는 바, 남편의 중히 여김을 얻어 이름이 더욱 드러나고 그 행실의 실제를 기록함을 구하여서 더욱 오래 전할 뿐이오.[28]

27 제망실문의 교육적 기능에 대해선, 박무영, “18세기 제망실문의 공적 기능과 글쓰기”,『한국한문학연구』 32집, 한국한문학회, 2003. 참고.

28 이종성, <祭夫人徐氏文>,『梧川先生集』권13. 한국문집총간 a214-305쪽. 惟是君志行賢淑。宗戚姻黨皆知之。宗戚姻黨之所不能盡知者。父母昆弟皆知之。父母昆弟之所不能盡知者。吾得之於燕私之際。而心服而起敬者累矣。雖古彤管所書。亦何以加焉。後死之責。誠不忍泯滅不章。方欲作爲文字。誌君之墓而因以詔稚昧於後來。但念婦人從人者也。且非有事功聲實之昭見於外者。惟得其所天之重而名益著。求其紀行之實而傳益久.

즉 생애가 철저히 '사적' 영역으로 한정되었고, 존재가 전적으로 남편에게 종속되었던 '유교적 아내'는 남편의 인정을 통해서 공로가 인정되어야 하는 것이다. 망자를 가장 잘 아는 사람이라서 조그만 것도 숨길 수 없는 상대이며, 동시에 남편 이외에는 알아서도 안 되고 자랑해서도 안 되는, 안(內)의 일을 증언해줄 수 있는 유일한 존재가 남편이기 때문이다. 동시에 망자가 인정을 획득해야 할 최종적 상대가 '하늘(所天)'인 남편이기도 하다. 제망실문의 칭양은 그런 남편의 입을 통하여 공개적으로 발해진다는 점에 핵심적인 의례적 의미가 있는 것이다.[29]

아내의 탈상 즈음에 어머니의 상중에 있었던 이건창은 아내의 제문을 쓰기엔 껄끄러운 상황이었다. 어머니의 행장도 미처 짓지 못하고 있는 상황에서 아내의 제문을 짓는 것을 '나의 죄'라고도 표현한다. 그럼에도 굳이 제망실문을 지어야만 했던 까닭을 이건창은 만일 제망실문이 없다면 망자의 덕성을 남들에게 알릴 수 없을 것이기 때문이라고 진술한다. 이어 어머니의 제문 한 편을 남기지 않은 아버지를 서운해 할 아들들에 대한 배려라는 점도 진술된다.[30] 즉 제망실문은 죽은 아내가 남편으로 받아야 하는 정당한 예우의 한 가지로 고려되는 것이다. 이 점은 산 자의 정서적 배출이라는 점과는 다른 차원의 문제이다. 종종 대독이라는 형식을 통해서라도 제망실문이 작성되는 이유이기도 한 것이다. 때문에 가능한 여성적 덕목에 부합하는 모습으로의 재현일 것으로 기대되었던 것이다.

---

29 임헌회, <孺人朴氏行狀>, 『鼓山先生續集』 권4, 한국문집총간a314-567쪽. 蓋婦人之見稱於其君子。似易而實難。以其親密無間。細瑣言爲。鮮不詳知。知之詳。故過易見也。今孺人以女子而儒士。賢妻而畏友。見稱於子明。子明之悲。久而未已。孺人眞賢乎哉。以文字慰孺人。姑無論。爲後世閨鑑。不可不書。

30 이건창, <祭亡室文>, 『 明美堂 集』 권14, 한국문집총간a349_203쪽. 烏乎。君之沒。今一周矣。吾尙不能爲文而哭君者。以吾久廢筆硯。雖欲綴數行語。苦不易也。抑吾於君。有平生之悲。非特時月而已。悲在於心。何用文爲。　近日忽思君在時。多可紀之賢。吾不言。則人未必知吾有賢妻。人不知何傷。但兒子他日長成。亦未必知其母之賢。雖知之。又必以爲母賢如此。父奚以無一祭文也。此皆可念。故忍淚書之。因以侑君之觴。君其諒之。君之賢。不能盡紀。紀其大者......烏乎。吾喪吾母。不能毁吾母之德行。尙不能爲紀述之文。今乃爲文以紀君之賢。是亦吾罪也。吾不可以多言而過哀也已。烏乎痛哉。

V.

제망실문의 대상인 '아내'는 종법질서를 중심으로 강고한 혈연적 체계로 닫혀있는 가문에 들어온 외부사람 – '타성받이'이다. 흔히 여성은 아들의 어머니가 됨으로서 가부장제의 내부에 완전히 자리 잡으며, 일종의 권력을 지니게 된다고 논의되어 왔다. 그러나 '타성받이' 여성이 시집의 가족으로 최종적으로 정착하는 것은 가묘에 안치되어 제사의 대상이 되는 순간이다. 정범조는 딸의 상여를 전송하는 제문에서 '네 영구를 끌고 서쪽으로 가서 네 시집의 선영에 묻고, 네 祥에 다시 곡하고서 시집의 사당에 너를 祔祀하고 나면, 마침내 너와 나는 길에서 마주친 사람들처럼 남이 될 것[31]'이라고 애통해 한다. 정범조는 혈연적 친족관계가 마침내 영원히 끝난다고 애통해하지만, 거꾸로 여성의 入家는 죽음의 의례를 통하여 드디어 완성되는 것이라는 사실을 보여준다. 남성혈족 중심의 체계에 입가한 타성받이가 마침내 夫家의 조상신으로 좌정하면서, 확고한 '존재'적 기반을 역설적으로 성취하게 되는 과정인 것이다.

그런데 유교의 상·장례는 생활 속에 잠재되어있던 위계질서가 날카롭게 드러나며 최종적으로 결정되는 순간이다. 가부장을 중심으로 親親尊尊의 원리에 따라 치밀하게 위계화 되어 있는 가족질서에서 망자인 여성이 차지하는 위치가 최종적으로 정해지는 것이다. 예를 들자면 가부장적 종법질서에선 남편과의 관계에 따라 혈연인 아들과의 관계조차 늘 유동적이다. 상·장례에서, 아들은 아버지의 존망 여부에 따라, 혹은 아버지와 어머니의 관계에 따라 어머니에 대한 복을 다르게 입는다. 八母服制로 집약되는 어머니 복제의 핵심이 이것이다.[32] [33]

---

31 정범조, <哭俞女文>, 『海左先生文集』 권33, 한국문집총간a240_079쪽. 吾今靷汝而西。葬汝於舅家之先隴。行復哭汝之祥。而祔汝於舅家之廟。則吾始與汝爲路人矣。夫父子之愛。而變而至於路人。其何以堪乎。

32 이숙인, 『동아시아 고대의 여성사상』 416-417에서도 다룸. 그러나 그는 죽음의 의례 속에서 여성은 여전

즉 세분화된 가부장적 위계질서에 따라 '제 자리'를 '최종적으로' 정하는 순간이 바로 상·장례의 의례이고, 그것의 최종적 귀결이 가묘에의 안치인 것이다.

유교의 사유적 관습은 사후세계에 대한 구체적인 상을 제시하지 않는다. 죽음 이후의 모습에 대한 구체적 상상은 오히려 선영이나 가묘에 관련되어 있다. 그런데 제망실문에서는 망자를 위로하는 방식으로 사후세계의 모습에 대한 상상이 종종 등장한다. 그 모습은 다음과 같은 것이다.

> 어둡지 않은 혼이 그 과연 훨훨 호연히 한 순간에 백학산에 도착하여 우리 부모를 배알하고 우리 두 아이 손을 잡고 맞이하고 만나고, 웃고 기뻐하면서 좌우에서 단란하여 인간 세상의 지극한 즐거움을 다시 잇고 있는지요?[34]

> 오래 살지 못하고, 흙으로 돌아갔으니
> 네 시어머니 따르고, 우리 어머니 모시며
> 너는 밥 짓기를, 인간세상처럼 하리라.
> 구천의 아래에도, 효부의 부엌이 있어
> 네 시어미를 뒤미처 봉양하고,
> 우리 어머니가 네 남편을 기른 공에 보답하리.[35]

히 남성에 종속되고, 자식으로 그 의미가 드러나는 존재였음을 보여준다고 하고 있어서, 본고의 견해와 다소 어긋난다.

33 이은영, "한문 산문에 투영된 어머니 :18세기 팔모복제 담론과 어머니 관련 글들을 중심으로", 『한국고전여성문학연구』, 한국고전여성문학회, 2007. 참고.

34 이만수, <祭亡室貞敬夫人達城徐氏文>, 『屐園遺稿』 권9, 한국문집총간a268-387쪽. 不昧者魂。其果翩然浩然。一瞬之頃。飛到白鶴之山。拜謁我父母。提挈我兩兒。逢迎歡笑。左右團圓。復續人世之至樂歟。

35 유도원, <仲姪婦金孺人哀辭>, 『蘆厓集』 권2, 한국문집총간a238-159쪽. 不能壽歸于土。從爾姑陪我母。爾執爨如人世。九泉之下。亦有孝婦廚。追養爾姑。酬我母育爾夫。

내 장차 너를 유부인 곁에 묻으리니, 백 년 뒤 무덤이 영원히 가까우리.[36]

그것은 삶의 질서를 연장하는, 혹은 현세의 삶의 방식이 지속되는 것이다. 즉 가부장적 질서는 죽음 이후에까지 지속되는 유일한 '존재'방식으로 상상된다. 마지막의 제문은 첩에게 주어진 제문이다. 살아서는 적처를 小君이라 부르고, 적처가 죽으면 不杖期服을 입는 위계적 질서가 죽은 후의 세계에서도 지속되는 것으로 상상되는 것을 위의 인용에서 확인할 수 있다. 그리고 그러한 위계 질서 속으로 최종적으로 편입되는 절차가 상장례 및 제례의 절차이며, 상장례는 그것이 선포되는 순간인 것이다.

그렇다면 의례에 직간접적으로 참여하게 되는 여성들에게 상·장례의 의례는 어떤 것이었을까? 제망실문은 여성인 망자를 향하는 글이지만, 그것이 수행되는 공간은 철저히 여성 소외적인 공간이다. 이 공간은 상·장례의 대상조차도 소외시킨다. 의례공간의 집행은 남성에 의해 이루어지며, 여성은 보조적 위치에서만 참여한다. 무엇보다 의례가 집행되는 공간의 언어는 구어가 아니라 문어인 한문이다. 의례를 집행하는 언어만이 아니라 제망실문도 한문으로 제작되고 낭독된다. 조선에서 한문은 여성에겐 금지된 문어에 가깝다. 따라서 망자를 향한 말하기라는 겉모습을 지닌 제망실문이지만, 공개적으로 낭독되어도 정작 망자는 알아들을 수 없는 상황이 펼쳐지는 것이다.

제문의 당사자들도 종종 이 곤란한 모순을 토로한다.

지금 이에 향불이 처량한 가운데 쓸쓸한 한 조각 종이에 그대가 알지도 못하는 문자로, 읽어도 모를 것을 그대에게 들려주어 슬픔을 막으려 하다니 또한 어리

36 조관빈,<祭崔娘文>,『悔軒集』권16, 한국문집총간 a211_479쪽. 吾將葬爾。俞夫人側。百年之後。永近窀穸。

석지 아니하오.[37]

아아, 아프다. 내가 어찌 차마 붓을 쥐고 말을 엮어 그대의 영혼에 고하겠소? 영혼이 들을 수나 있겠소? 그대가 평소에 문자를 알지 못했으니 듣는다하더라도 그 뜻을 이해할 수 있겠소?[38]

그래서 제망실문은 그저 '유난히 어여뻐하던 손자가 쓴 글씨와 그가 제문 읽는 목소리를 들으며 기뻐할 것이라든가[39], 평소 글을 잘 짓는다고 생각했던 남편이 자신을 위해 글을 지었다는 사실 자체를 기뻐하리라고 상상할 수밖에 없다.[40]

제망실문을 짓는 당사자들조차 인정하는 '알아듣지도 못할 말로 애도하는' 이 한문 제문들이 유통되는 범위는 결국 한문을 이해하는 상·장례 참석자들 사이의 문제라는 것이 다시 확인되는 셈이다. 제문의 내용은 망자에 대한 애도와 칭양으로 구성되지만, 그것이 발휘하는 의례적 효과는 남성 의례공동체 사이의 정서적 해소와 교육이며, 결국 가부장적 질서의 재구축과 공고화로 이어진다.

그러나 의례의 언어인 한문이 사족 여성들에게 완전히 낯선 것은 아니라고 할 수 있다. 심노숭은 한문 해득력이 없었던 아내를 향해 한문으로 제망실문을 쓰는 아이러니를 다음과 같이 해결한다.

---

37 이종휘, <祭亡室文>,『修山集』권9, 한국문집총간a247_466쪽. 今乃於香火悽愴之中。寂寥寸紙。以君所不知之文字而音且不釋。要以聞君而塞悲。不亦迂哉。.

38 강세황, 앞글. 嗚呼痛矣 吾何忍把筆綴辭以告子之靈耶 靈其能聽之耶 子於平日素不解文字 雖聽之 其能曉其意耶 雖聽而復曉之 亦何益於死者與生者耶

39 민우수, <祭亡室文>,『貞菴集』권14, 한국문집총간 a216-069쪽. 玆以平生所經歷者。錄出若干文字。令寅錫書之。盖念君平日甚愛此孫。聞其讀書則喜。見其書字則喜之也。

40 이이순, 앞글. 夫人平日不知頤淳之鹵莽。以爲稍解文字。而悲撓之中。精神渙散。僅能綴其若干行事。以告于靈。且以遺庚兒輩識之。嗚呼渠輩他日。尙不記顏面。況行與事乎。幽明一訣。會合無期。有淚沾襟。不知爲懷。嗚呼痛矣。

기억해보니, 옛날 내가 한번은 내실에서 책을 읽었는데, 곁에는 자와 재봉가위가 詩書와 섞여있었소. 그대가 곁에 있었는데, 激切한 곳에 이르러 그 안색을 살피면 문득 마음으로 아는 것 같았소. 내가 물어보니 부인은 "어찌 알겠소. 설령 안다고 해도 부인이 또한 어찌 말할 수 있겠습니까?"라고 대답하였소. 오래 살펴보고선 대략 통한다는 것을 알게 되었소. 대개 그 총명한 성품이 일찍부터 여러 아우들의 공부에서부터 암암리에 익힌 것이 있었는데, 비록 집안사람들이라도 알지 못했소.......아. 살아서 배우지 않고도 능히 정신으로 깨우치는(神會) 자가 죽었다고 또한 어찌 앎이 없겠소?[41]

망자가 제문 작성자가 구사하는 말을 알아듣지 못하리라는 사실은 사실 유교적 제사의 핵심적인 성립 근거를 위협하는 것이다. 앞에서 심노숭은 영혼과 감응하기 위해선 진정이어야 한다고 했지만, 진정을 다해 망자와의 감응에 성공해야 비로소 성립되는 제사의 정체성과 망자가 알아듣지 못하는 언어로 바쳐지는 애도는 불화할 수밖에 없다. 이런 문제가 예민한 촉수에 걸려들고 있는 것이다. 심노숭은 이 문제를 '神會'라는 말로 해결하고 있다.

그런데 '神會'라고 표현되는, 망자의 한문 해득력에 대한 이 모호하고 우회적인 서술은 사족층 여성들의 한문 문식력의 실상에 접근하는 측면이 있다. 소위 '귀글'이라는 것이 그것이다. 사족층 여성들은 소리 내어 반복적으로 읽으며 습득하는 한문 문식력 습득의 환경에 상시적으로 노출되고, 결국 적당한 수준에서 이해하게 되는 것을 가리키는 말이 귀글이다. 실제 조선 후기 사족여성들에게는 한시나 한문 문장을 음과 번역으로만 향유하는 관습이 있기도 했다. 물

41 심노숭, 앞글. 記昔余嘗讀書內室 左右刀尺間以詩書 君在傍 至激切處 察其顔色 忽若神會 余則叩之 答謂 婦人而何知 雖知 婦人又何可言也 久而驗之 知其略通 盖其悟性 早從諸弟學 有所黙襲 雖家人不知也 又喜聽人讀書 疾旣革 悶不自定 勸其弟讀書 而聽之 今余讀文 告於君之靈 想像其喜動顔眉 噫 生而能不學 而神會者 死亦豈無知乎

론 음이 종종 틀려서, 이들이 정확하게 이해하는 것은 아님을 알 수 있다.[42] 의례의 일상적 보조수행자들인 사족 여성들에게 의례절차의 언어는 익숙한 것이기도 하다. 그런가 하면 제망실문은 일정한 내용이 반복되는 것이기도 하다. 따라서 완전한 해득력이 없어도, 낭독되는 제망실문의 분위기를 대략 눈치 채는 정도의 상황은 가능하다고 할 것이다.

이것은 마치 라틴어로 집행되는 미사에 참석한 토속어 사용자의 입장과 같은 것이다. 상·장례라는 의례공간은 魂氣가 사람과 소통하고, 인간이 신으로 좌정하는 절차가 집행되는 성스러운 공간이다. 그리고 의례 공간의 신성함은 한문이라는 권위적 언어와 결합되어 있다. 여성들에게 의례공간은 권위 있는, 그러나 모호한 언어들로 가득한 세계이다. 즉 이들에게 의례현장은 안개처럼 모호한, 그러나 권위를 대변하는 언어로 이루어지는 신비한 세계이다. 여성은 결코 이해할 수도 참여할 수도 없지만 막강한 종교적 엄숙성으로 제시되는 현장이다.

상·장례 및 제례는 인간의 죽음과 그 이후에 대한 상징적 지배이기도 하다. 제망실문은 망자가 무당이나 불교는 가까이 하지 않았다고 거듭 강조하며 유교적 죽음 이해 이외의 길을 차단한다. 그러므로 유교적 상·장례 및 제례가 제시하는 죽음은 인간의 삶의 방법에 대한 유일한 대답이다. 상장례가 지니는 극도의 엄숙성과 철저히 여성을 배제하는 방식, 여성에게 허락되지 않은 모호하고 신비하며 권위적인 언어로 수행되는, 그러면서도 일상적 반복을 통해 익숙한 의례의 공간은, '죽어서 시집의 귀신이 되는 것' 이외의 존재방식을 상상할 수 없는 구조를 재생산하고 내면화하게 만드는 의례적 공간인 것이다. 그러나 그것은 매우 부드럽고 신비한 방식으로 수행된다. 유교적 종법질서를 유지하고 재생산하는 효과적인 방식인 것이다.

---

42 박무영, "김호연재와 『호연지유고』", 『한국고전여성문학연구』 3호, 한국고전여성문학회, 2001. 이종묵, "조선시대 한시 번역의 전통과 양상", 『장서각』 7호, 한국학중앙연구원, 2002. 참조.

VI.

정리하자면 상·장례는 특정인물의 죽음으로부터 시작해서 결국 가묘에 안치된 조상신으로 옮겨가는 일련의 의식이다. 즉 죽은 사람은 상례 기간에는 산 사람과 같이 봉양되며 충분한 애도와 적절한 예우를 거쳐서 장사 지내지고, 장례 기간을 통해 마침내 죽은 사람으로 확정되며, 반혼과 우제를 통해 가묘에 들어감으로써 이후로는 가묘에서 제사를 받는 조상신의 반열에 정착한다. 망자가 죽음을 거쳐서 다시 산 사람의 세계에 신의 모습으로 돌아오는 과정인 것이다. 이 과정을 수행하는 것이 유교적 상·장례의 기본적인 골격이라고 한다면, 상·장례의 언어적 수행으로써 이루어지는 제문은 망자가 충분하고 적절한 애도를 받고 있다는 것을 보여주는 방식이기도 하고, 망자가 반혼하여 가묘에 부사되기에 충분하고 적절한 자격을 갖추고 있다는 것을 확인시키는 방식일 수도 있다. 특히 남성 혈족으로 구성된 가묘에 배치되는 타성받이 여성이 가문의 조상으로 존재를 바꾸고 인정받는 과정에서 벌어지는, 망자에 대한 공개적이며 최종적인 평가의 글이라고 할 수 있다. 이 과정을 수행하는 주체는 철저히 남성공동체이다. 그것이 망자에게 하는 말의 형식을 가지고 있되 실제로는 망자를 향하기 어려운 제망실문의 구조가 해명되는 지점이다. 제망실문은 남성공동체의 정서적 화해를 위한 것이며, 가부장 공동체의 지속과 재생산을 위한 것이다. 이 과정은 의례의 대상인 동시에 제망실문의 수신자인 여성들과 의례에 조력자로 참석하는 여성들의 배제를 전제로 하고 있다.

참고문헌

자료

강세황,『石堂遺稿』, 한국문집총간b085, 한국고전번역원 표점 영인.
김흥락,『西山先生文集』, 한국문집총간 a321, 한국고전번역원 표점 영인.
민우수,『貞菴集』, 한국문집총간 a216, 한국고전번역원 표점 영인.
송능상,『雲坪先生文集』, 한국문집총간 a225, 한국고전번역원 표점 영인.
심노숭,『孝田散稿』, 연세대중앙도서관 소장본.
유도원,『蘆厓集』, 한국문집총간a238, 한국고전번역원 표점 영인.
강정일당,『靜一堂遺稿附錄』, 한국문집총간 b111, 한국고전번역원 표점 영인.
이건창,『 明美堂 集』, 한국문집총간a349, 한국고전번역원 표점 영인.
이광사,『두남집』.
　　『원교집』, 한국문집총간a221, 한국고전번역원 표점 영인.
이만수,『屐園遺稿』, 한국문집총간a268, 한국고전번역원 표점 영인.
이이순,『後溪集』, 한국문집총간a269, 한국고전번역원 표점 영인.
이종성,『梧川先生集』, 한국문집총간 a214, 한국고전번역원 표점 영인.
이종휘,『修山集』, 한국문집총간a247, 한국고전번역원 표점 영인.
임헌회, 『鼓山先生續集』, 한국문집총간a314, 한국고전번역원 표점 영인.
정범조,『海左先生文集』, 한국문집총간a240, 한국고전번역원 표점 영인.
조관빈,『悔軒集』, 한국문집총간 a211, 한국고전번역원 표점 영인.
채제공,『樊巖集』, 한국문집총간a236, 한국고전번역원 표점 영인.

연구논저

공병석,『예기 상례의 인문관』, 학고방, 2013.
박무영, "18세기 제망실문의 공적 기능과 글쓰기",『한국한문학연구』 32집, 한국한문학회, 2003.
박무영, "이광사 제망실문의 연구: 18세기 제망실문 연구의 일환으로",『국어국문학』 138집, 국어국문학회, 2004.
이성혜, "제문, 위로와 치유의 서사",『퇴계학논총』 23집, 퇴계학부산연구원, 2014.
이숙인,『동아시아 고대의 여성사상』, 여이연, 2005.
이은영, "한문 산문에 투영된 어머니: 18세기 팔모복제 담론과 어머니 관련 글들을 중심으로",『한국고전여성문학연구』, 한국고전여성문학회, 2007.
이은영,『양식적 슬픔의 미학: 조선 초기의 제문을 중심으로』, 태학사, 2004.
이은영,『예와 정의 조화와 변주:조선시대 애도문학의 형상화 방식』, 역락, 2013.
정창수,『예의 본질과 기능』, 성균관대학교 출판부, 2013.

터너, 빅토(박근원 역).『의례의 과정』, 한국심리치료연구소, 2005.

논평과 토론

「제망실문의 두 얼굴」을 읽고

박애경(연세대, 국어국문학과)

박무영 선생님의 글 흥미롭게 읽었습니다. 조선 조 남성이 죽은 아내를 위해 짓는 제망실문을 통해 남성이 중심이 된 '의례 공동체'가 수행하는 '애도'라는 행위 속에 내재된 배제와 통합의 양 면, 이를 통해 유교적 종법 질서가 공고하게 다져지고, 재생산되는 과정을 꼼꼼하게 분석해 주어, 때론 경청하듯 '상징적 통곡의 장'에 진입할 수 있었습니다.

제문은 말 그대로 제례와 상례와 같은 엄숙한 의례에 수반되는 애도의 글입니다. 말하자면 제문은 망자가 조상신으로 존재 전환을 하는 종교적 의례의 장에서 생전에는 표출하지 못했던 망자를 향한 발화와 남은 이의 슬픔을 종교적 언표로 바꾸는 문식의 장이기도 합니다. 선생님께서는 의례라는 특수 공간, 애도의 대상이 된 여성과 애도를 수행하는 남성, 한문이라는 규범적, 권위적 언어라는 점을 중심에 놓고, 제망실문의 양 면을 짚어내셨습니다. 대체로 선생님의 분석에 동의하기에, 토론은 한글로 축적된 문학과 그 문화적 표현을 연구해왔던 자로서 가져왔던 의문을 제기하는 것으로 대신하고자 합니다.

제망실문이 여성을 대상으로 한 제문이면서도 결국 남성이 중심이 된 의례 공동체의 지속과 재생산을 순조롭게 한다는 분석이 특히 흥미로웠습니다. (유교적) 의례 공동체는 곧 공사의 영역을 포괄하는 가족과 그 안의 질서를 기초로

한 공동체이기도 합니다. 조선 조 가족이라는 공동체 내에서 사족 여성은 '죽은 사람/귀신'으로서 비로소 남성의 글쓰기 장에 입장한다는 선생님의 주장은 상·장례의 의례성을 감안하면 충분히 수긍이 가면서도, 이것이 규범적인 의례와 규범적인 언어(한문)이 만난 결과가 아닐까 하는 생각이 듭니다. 조선 시대 사족 남성은 '귀녀가'류의 가사나 '계녀가' 등을 통해 자녀 양육에 대한 생각이나 딸에 대한 시선을 드러내기도 합니다. 물론 사대부가의 여식은 미성년이라는 특수성 때문에 '사족 여성' 범주 일반과는 달라질 수도 있지만, 남녀 간의 분을 이미 윤리이자 행동 지침으로 부여 받은 상태이기도 합니다. 이런 맥락에서 여식에 대한 생각을 글로 드러낸다는 것은 한문/한글, 성인 여성/ 여아에 따라 글쓰기의 영역이 좀 달라질 수도 있다는 생각이 듭니다. 또한 가사가 속한 규방문화권은 이미 여성들이 헤게모니를 장악하고 있는 문예의 장이기 때문에, 여기에 남성이 참여하는 방식이 여성을 향한 발화를 여성들이 소통할 수 있는 글 (=한글)로 담아내는 방식일 수도 있다는 생각입니다.

제문은 '슬픔의 건강하고 절도 있는 배출의 예절로 설정한 것'이라는 선생님의 주장에 충분히 동의하고, 제문에 보이는 신체적이나 슬픔의 격렬한 표출 역시 '감당할 수 있는 슬픔'의 표현이라는 점도 경청하고 있습니다. 여기에서 드는 의문은 반복적인 슬픔의 표현이나 '단장(斷腸)'과 같은 신체적 표현이 가지는 효과입니다. 이러한 표현은 글을 쓰는 이나 의례 공동체에 참례한 이들에게는 머리와 신체로 모두 받아들여지고, 선생님께서 적시하신 대로 잠정적이나마 '감정의 해방구'로 기능하게 됩니다. 그런데 이러한 표현이 한문을 의미로 완벽하게 해독하기 어려운 여성에게도 일종의 구어(혹은 음성언어)처럼 받아들여지는 효과도 상정해 볼 수 있지 않을까요? 즉 제문의 작성자가 제대로 울고, 슬픔을 격렬하게 드러내기 위한 수사의 효과는 한문 문식력의 범위를 넘어설 수 있다는 의문이 들었습니다. 이는 제문, 특히 여성 대상 제문이 (유교적) 상·장례라는 의례의 장에서 한문이라는 권위적인 문어로 표현되는 목적 지향적 글쓰기인 동시에, 다양한 문학적 실천이 상대적으로 더 개입될 여지가 많은 문예의 장이라는 점과도 중첩되어 보입니다.

타이완 원주민의 머리사냥 신화를 통해 본 죽음과 세계의 갱신

홍윤희(연세대, 중어중문학과)

I. 머리말

인간의 몸을 제물로 바치는 인신공희(人身供犧)는 세계의 종교문화사에서 어렵지 않게 발견되는 현상으로, 수렵문화, 유목문화, 농경문화를 막론하고 전 세계에 걸쳐 나타났다. 인간의 몸 전체를 순장하듯 바치는 경우도 있었지만, 아즈테카에서 행해진 것처럼 사람의 심장을 꺼내 신에게 바치는 경우도 있었고, 오시리스 신화나 하이누엘레 신화에서 그 원형을 엿볼 수 있듯이 몸을 여러 조각으로 나누어 흩뿌리는 경우도 있었다. 한편 남도어족(Austronesian peoples)에게는 산 사람의 머리를 베어 신에게 바치는, '머리사냥(head-hunting)'이라고 불리는 독특한 유형의 습속이 오래도록 전해졌다.

참수(斬首)는 상상만으로도 공포와 혐오를 일으킨다. 그것은 인간의 육신에 가해지는 가장 잔인하고 끔찍한 일, 가장 야만적인 행위로 여겨지곤 한다. 그 끔찍함의 정도는 단지 한 생명이 무자비하게 끝을 맞이했다는 사실을 넘어선다.

사람의 생명을 앗아가는 살해는 다양한 방식으로 가능하고, 사람의 신체에 손상을 입히는 방식도 다양하지만, 다름 아닌 머리는 인간 생명의 정수이자, 한 영혼의 집이기 때문이다. 우리는 보통 얼굴로 한 사람을 식별하며, 그 안에는 사고하는 뇌가 있고, 눈, 코, 입, 귀가 달려 있다. 한 장의 증명사진이 그렇듯 얼굴은 한 존재를 대표한다. 세계의 수직선상에서 하늘이 가장 높은 곳에 자리하고 떠받들어지듯, 인간의 몸이라는 세계에서 수직선상의 꼭대기에는 머리가 있다.[1]

그런데 이렇게 인간의 신체에서 그 생명의 핵심이자 정점에 있는 머리가 몸에서 떨어져 나가는 일이 단지 무자비한 폭력성의 결과가 아니라, 신중하고 정중한 연례적 종교의례의 일환으로 이루어졌다면 어떻게 이해해야 할까? 물론 종교의례라고 해서 한 인간의 생명을 빼앗았다는 비윤리성이나 참수 행위의 끔찍함이 무마되는 것은 아닐 것이다. 하지만 이것을 다만 '야만적, 원시적 행위'라고만 설명한다면, 이 의례가 지닌 보다 심층적이고 총체적인 의미를 파악할 수 없음은 물론이고, 현대 사회에서도 자행되곤 하는 무차별적이고 위악적인 테러와의 차이도 드러나지 않을 것이다.

로버트 맥킨리(Robert McKinley)는 20세기 전반까지 보르네오의 많은 부족들과 동남아시아의 다른 지역들 및 오세아니아에서는 살해된 적들의 머리를 잘라내는 것이 중요한 의례적 상징이었고, 이 상징물들은 종교적으로 대단한 효험을 지닌 것으로 여겨졌다고 말한다. 그에 따르면 이 머리를 공동체 안으로 가져와 자리를 마련할 때는 거대한 집단적 향연이 열렸고, 이들의 존재는 어떤 식으로든 풍요를 더해주고 집단의 건강과 평안을 보장해주는 것으로 믿어졌다. 그리고 머리사냥에 관련하여 중요한 사실은, 이들 부족이 이러한 관습의 실천이 그들의 평안한 삶에 도움이 될 뿐만 아니라 필수적인 무엇이라고 여겼다는

1 이 문단은 拙稿,「중국 佤族의 머리사냥 의례와 그 신화적 의미」,『한중언어문화연구』 제42집, 2016. 559쪽에서 인용.

점이다.[2]

남도어족의 원향(原鄕 Urheimat)으로 여겨지는 타이완에서는 16개 원주민족[3] 중 타오(Tao)족을 제외한 모든 민족이 머리사냥 습속을 지니고 있었다. 특히 산지에 거주하는 원주민족들은 일본이 타이완을 통치했던 20세기 초까지 이 습속을 유지해 왔는데, 이들의 머리사냥 습속에 대해서는 오봉(吳鳳) 이야기[4]나, 무사사건(霧社事件)[5]을 다룬 영화 <워리어스 레인보우(Seediq Bale)>

---

2 Robert McKinley, "Human and proud of it !: A structural treatment of headhunting rites and the social definition of enemies" *HAU: Journal of Ethnographic Theory* 5 (2). 449쪽.

3 타이완 원주민은 약 8천 년 전부터 타이완에 거주해 왔다. 2014년 5월 이후 현재까지 타이완 원주민은 공식적으로 다음의 16개 민족이다. 아미스족(Amis 또는 Pangcha, 阿美族), 파이완족(Paiwan 또는 Payuan, 排灣族), 아타얄족(Atayal 또는 Tayal, 泰雅族), 부눈족(Bunun, 布農族), 푸유마족(Puyuma 또는 Pinuyumayan, 卑南族), 루카이족(Rukai 또는 Drekay, 魯凱族), 쩌우족(Tsou 또는 Cou, 鄒族), 사이시얏족(SaiSiyat, 塞夏族), 타오족(Tao 또는 Yami, 達悟族), 사오족(Thao, 邵族), 카바란족(Kavalan 또는 Kebalan, 噶瑪蘭族), 트루쿠족(Truku 또는 Taroko, 太魯閣族), 사키자야족(Sakizaya, 撒奇萊雅族,), 세딕족(Sediq 또는 Seediq, 塞德克族), 사아로아족(Saaroa 또는 Hla'alua, 拉阿魯哇族), 카나카나부족(Kanakanavu, 卡那卡那富族). 괄호 안의 영문은 원주민어 명칭을 표기한 것이다.
한편 현재 타이완 원주민족 명칭의 한글 표기는 주로 세 가지 방식이 혼용되고 있다. 우선 원주민족 명칭 중문 표기를 한국식 한자 독음으로 표기하는 것이다. 예를 들어 아타얄족(泰雅族)은 '태아족', 세딕족(賽德克)은 '새덕극족'이라고 표기한다. 둘째, 중문 표기를 외래어 표기법에 따른 중국어 독음으로 표기하는 것이다. 이 방식에 따르면 아타얄족은 '타이야족', 세딕족은 '싸이더커족'으로 표기된다. 셋째, 원주민족 명칭의 로마자 음역을 한글로 옮긴 것으로, Atayal은 아타얄, Sediq는 세딕으로 표기한다. 이 세 번째 방식은 전광진의「타이완 원주민 언어에 대한 한글 서사법 개발 연구」(『중어중문학』제45집, 2009. 12.)에서도 사용되었는데, 이 원주민족 원래의 명칭의 소리 값을 가장 잘 반영한 경우라고 판단되어 본고에서도 이 방식에 준하여 표기하였다.

4 오봉(吳鳳, 1699-1769)은 청조 통치 시대 타이완의 가의통사(嘉義通事)를 지냈다. 오봉이 원주민의 머리사냥 습속을 없애기 위해 살신성인하였다는 이야기는 일제 시기와 국민정부시대에 만들어져 타이완 소학교 교과서에 실렸다. 하지만 후세 역사가들의 고증에 의해 이 이야기는 청조 통치 시기 문헌 기록과 어긋나고 쩌우족(鄒族) 구전 역사와도 정반대라는 사실이 밝혀졌다. 또한 내용상 원주민의 풍속에 대한 왜곡이나 원주민에 대한 편견과 비하가 심하다는 원주민 단체의 지속적 항의를 받아, 타이완 교육부는 1989년에 교과서에서 이 이야기를 공식적으로 삭제하였다.

5 무사사건(霧社事件)은 타이완 일본의 통치 시기 중기였던 소화(昭和) 5년(1930년)에 발생한 원주민 무장봉기 사건으로 오늘날의 난터우현(南投縣) 런아이향(仁愛鄉) 무사(霧社)에서 일어났다. 일본 통치당국의 장기간에 걸친 가혹한 폭정에 놓여 있던 아타얄족의 불만이 폭발하는 사건이 일어나고, 이에 마허포사(馬赫坡社) 두목 모나·루다오(莫那·魯道)의 지휘 아래 원주민 몇 개 부락의 청년 300명이 연합하여 무사공학교(霧社公學校)에서 운동회를 열고 있던 일본인들을 습격하여 일본인 130여 명을 죽였다. 이후 일본 총독부는 대대적으로 군대와 무장경찰을 파견하고 폭격기와 독가스까지 동원하여 진압작전을 전개하였다. 아타얄족은 20여 일에 걸쳐 용감하게 저항하였지만 실패하자, 모나·루다오는 자살하고, 봉기했

(2011)[6] 등을 통해서 우리에게도 어느 정도 알려져 있다.

남도어족의 머리사냥 습속에 대해서는 인류학 분야에서 이미 많은 연구가 이루어져왔고, 타이완 원주민의 머리사냥에 대해서도 적지 않은 연구가 이루어지고 있다. 다만 머리사냥의 방식, 의례의 절차, 목적 등에 초점을 맞춘 연구에 비해, 그 신화에 초점을 맞춘 연구는 많지 않다. 특히 타이완 원주민의 신화가 최근에야 조금씩 소개되기 시작한 국내에서는 아타얄족, 쩌우족, 부눈족, 아미스족의 머리사냥 설화 일부를 신화형, 전설형, 민담으로 분류한 양회석의 연구[7]나 아타얄족 머리사냥 설화와 의례와 종결 과정에 대해 소개한 필자의 논문[8] 정도가 전부이다.

게다가 우리나라 설화에도 인신공희에 대한 이야기가 적지 않게 전해지며, 특히 제주도의 「멩감본풀이」에 담긴 '사만이와 백년해골 이야기'는 남도어족의 머리사냥 습속과의 관련성이 조심스럽게 점쳐지고 있다. 따라서 타이완 원주민의 머리사냥 신화에 대한 연구는 머리사냥이라는 이 독특한 습속 자체에 대한 보다 심화된 이해뿐만 아니라, 우리 신화를 연구하는 데에도 일정 정도 참고가 될 것이다.

한편 필자가 앞서 진행한 아타얄족 머리사냥 신화에 대한 연구 과정에서 제기된 질문이 본 연구의 직접적 동기가 되었는데, 간단히 소개하자면 이렇다. 아

던 여섯 사(社)의 원주민 약 1,400명 중 1,200여명의 사상자가 발생하였다.(제1차 무사사건) 얼마 남지 않은 생존자들은 강제 이주 당하였고, 이듬해 4월 25일 일본경찰의 사주로 친일 원주민들이 여섯 사(社)를 다시 습격하여 216명을 잔혹하게 살해하고, 그 중 101명의 머리를 잘라, 이 지역의 아타얄족은 거의 멸족을 당하였다.(제2차 무사사건)

6 <Seediq Bale(賽德克·巴萊)>는 대만의 영화감독 웨이더성(魏德聖)의 2011년 작으로, 1930년에 타이완에서 일어난 원주민 반일항쟁인 무사사건(霧社事件)을 다룬 츄뤄룽(邱若龍)의 만화『霧社事件』을 영화화한 것이다. 48회 금마장(金馬奬) 작품상 수상작이다.

7 양회석, 「타이완 원주민의 설화 '머리사냥' 연구」, 『中國人文科學』 제60집, 2015. 8.

8 拙稿, 「타이완 아타얄(Atayal)족 머리사냥 설화와 의례, 그리고 그 종결」, 중국어문학연구회, 『中國語文學論集』 105호, 2017. 8.

타얄족의 머리사냥 신화에서는 옛날에 산 위에 살던 인구가 늘어나 땅이 부족해지자, 민족이 분리되는 과정에서 머리사냥이 유래하였다고 설명한다. 이와 관련하여 한 학회에서 필자는 토론자로부터 흥미로운 질문을 받았다. 즉 이 신화를 가지고 마빈 해리스 식으로 해석하자면 '늘어난 인구로 인해 한정된 자원을 둘러싼 분쟁'을 머리사냥의 원인으로 볼 수 있지 않겠냐는 질문이었다. 마르크스의 '생산력' 개념과 멜서스의 '인구론'을 결합시켜 한 집단의 사회구조나 문화를 해석하는 마빈 해리스의 문화유물론적 방식은 아닌 게 아니라 아타얄족의 머리사냥을 설명하는 데 아주 적합해 보였으며, 실제로 상당히 유용한 접근법일 것이다. 하지만 그 의견에 간단히 동의하고 싶은 마음을 애써 눌러야 했다. 왜냐하면 마빈 해리스 식의 해석이 왜 이러한 '폭력'이 발생했는가를 설명해줄 수는 있어도, 왜 하필 사람의 '머리를 사냥(獵頭)'하는 이렇게 독특하고 정교한 방식으로 실행되었는가의 문제까지 설명해주지는 못하기 때문이다. 그래서 '왜 하필 사람의 머리를 사냥했는가'에 대한 답은 결국 이들의 신화와 신앙에서 찾아야 하지 않겠냐고 답할 수밖에 없었다. 이 글은 바로 이 문제의식에서 출발했으며, 그것이 이 글에서 '신화'에 주목하는 이유이다.

하지만 아타얄족에게 전해지는 머리사냥 신화만으로 이 문제에 답하기는 어렵다. 다른 원주민족의 신화로도 마찬가지이다. 문자가 없었던 타이완 원주민의 경우 신화는 구두로 전승되는 과정에서 상당부분이 소실되거나 변화하였음이 분명하기 때문이다. 따라서 이 글은 타이완 여러 원주민족의 머리사냥 신화를 전반적으로 살펴보면서, 이들 신화에서 서로의 연결고리나 공통적 사유 특징을 발견해가는 방식을 택할 것이다.

II. 머리사냥의 목적과 절차

머리사냥의 목적은 무엇이었을까? 아와노 덴노조(粟野傳之丞)와 이노 카노리(伊能嘉矩)는 『대만번인사정(臺灣蕃人事情)』(1900)에서 타이완 원주민의 머리사냥의 원인으로 다음의 일곱 가지를 들었다. 1) 신년에 조상에게 제사를 지내는 의식에 쓰기 위해 2) 남자가 성인이 되기 위해 3) 좋은 배우자를 찾기 위해 4) 질병을 쫓기 위해 5) 쟁의의 시비를 판결하기 위해 6) 혐의를 벗기 위해서.[9] 허팅루이(何廷瑞)는 아타얄족, 사이시얏족, 쩌우족, 부눈족, 루카이족, 파이오나족, 푸유마족, 아미스족의 머리사냥 습속 비교연구를 통해 각 부족의 머리사냥의 목적을 제시하였는데,[10] 그 여러 가지 목적들을 추려보면 다음과 같다. 1) 복수 2) 쟁의의 판결 3) 성년이 되기 위해 4) 용맹함을 드러내기 위해 5) 신부감을 구하기 위해 6) 조의 풍성한 수확을 위해 7) 역병을 쫓기 위해 8) 설욕을 위해 9) 사회적 지위를 위해 10) 불길한 기운이나 악령을 쫓기 위해 11) 자손의 번성을 위해 12) 사냥터를 둘러싼 분쟁 해결을 위해, 13) 보호령을 갖기 위해.

좀 더 구체적으로 아타얄족의 경우를 예로 들어보면, 머리사냥은 다음과 같은 목적과 기능을 지니고 있었다.

① 남자가 영예를 얻기 위해. 머리사냥을 통해 남자들은 용맹을 증명하고, 사회적 지위나 존경을 받을 수 있었다.

② 남자가 성년이 되어 결혼을 하기 위해. 성년이 되려면 머리사냥에 성공하고 그 표시로 얼굴에 문신을 새겨야 했다. 처음으로 머리사냥에 성공하면 이마

---

9 巴蘇亞·博伊哲努(浦忠成),『臺灣原住民族文學史綱(上)』, 臺北, 里仁書局, 2009.10. 273-274쪽.

10 何廷瑞,「泰雅族獵頭習俗之研究」,『國立臺灣大學文史哲學報』7: 151-208, 國立臺灣大學文學院, 1956. 4.

에 문신을 새기는데, 그렇게 성년이 되어야 여자들의 환심을 사고 구혼할 자격이 생겼다.[11]

③ 재앙을 쫓고, 풍요와 복을 빌기 위해. 아타얄족은 사냥이 잘 안 되거나 기근이 들거나 전염병이 유행하면 머리사냥을 하여 상황을 극복하고자 하였다. 사냥한 머리에 제수를 바치면 그 머리가 불길한 기운을 쫓고, 조상들이 풍성한 수확과 부족민들의 안녕을 내려준다고 믿었다.

④ 자신의 결백함을 증명하고 누명을 씻기 위해. 머리 베기에 성공하면 누명을 씻을 수 있었고, 실패하면 무조건 죄를 인정해야 했다.

⑤ 쟁의의 판결을 위해. 쟁의가 일어났을 때 당사자들끼리 타협점을 찾지 못하고, 제3자가 조정이나 화해에도 실패하면 '신판(神判)'으로서 쌍방의 머리사냥 성공 여부로 판결을 내리기도 하였다.[12]

⑥ 적으로부터 자신들을 지키고 자신들의 땅을 지키기 위해.

⑦ 다른 부족으로부터 머리사냥을 당하면 그에 대한 복수나 설욕을 위해.[13]

간혹 민족 간 전투에서 머리사냥이 행해지는 경우도 있었지만, 관련 연구에 따르면 옛날 타이완 원주민족 부락 간에 대규모 전쟁이 발생한 적은 없다고 한다. 전통적 원주민족의 부락 하나하나가 그 자체로 독립적 소왕국이었는데, 산지의 부락은 규모가 커봤자 인구 수백 명 정도였고, 규모가 비교적 큰 평지의 아미족 타발론(Tavalon, 太巴塱) 부락의 경우도 인구 수천 명 정도였다. 따라서 인근 부락과 동맹을 맺는다 해도 병력이나 자원의 한계로 인해 대규모 전쟁을

11 아타얄족이 문신을 하는 데에는 여러 가지 목적과 기능이 있었는데 그 중에서도 민족 식별의 기능이 중요했다. 아타얄족의 경우 주로 얼굴 부위에 문신을 했는데, 남자들은 앞이마와 입술 아래턱에 문신을 했고, 여자들은 앞이마와 양 뺨에 문신을 하였다. 남자들은 머리사냥에 성공해야 문신을 하며 성인이 될 수 있었고, 여자들은 길쌈을 할 줄 알아야 문신을 새길 수 있었다.

12 이러한 쟁의 판결을 위한 머리사냥은 sin-ubil-kai라고 불렀다. (何廷瑞, 위의 글, 167쪽.)

13 拙稿, 위의 글, 254쪽.

일으키기는 어려웠다는 것이다. 또한 이들은 각자 일정 범위의 생활공간 내에서, 농사와 사냥의 수확물이 충분하고 평안한 일상을 보낼 수 있으면 특별히 외부로 세력을 확장하려고 시도하지 않았다. 이들이 전투로 머리사냥을 하는 경우는 가뭄이나 홍수가 일어나거나, 마을에 심각한 역병이 돌거나, 수확물의 부족, 우두머리의 사망, 지진과 같은 천재지변 등 불가사의한 재해가 일어났을 때에 한해서였다.[14] 또한 자신들의 농지나 사냥터와 같은 생활 영역이 침범 당하고, 마을 사람이나 가족이 기습을 당하게 되면 반드시 머리사냥으로 보복하였다. 또는 적대 관계에 있는 부족이 우리 마을에 머리를 사냥하러 온다는 소식을 들었을 때에도 전투태세를 갖췄다. 그때 머리사냥에 나서는 전사들은 다름 아닌 사냥꾼들이었다.

이렇듯 머리사냥은 무분별하고 위악적인 폭력행사가 아니었다. 또한 머리사냥에는 일정한 절차나 기간, 지켜야 할 엄격한 금기들이 있었다. 머리사냥을 시작하려면 제일 먼저 마을의 장로에게 아뢰고, 그의 동의를 구해야 했다. 동의를 얻은 후에야 머리를 담아올 주머니를 족장에게 빌릴 수 있었다. 머리사냥 팀을 구성할 때는 발기인과 리더가 있었는데, 리더는 그 마을의 두목(족장)이거나, 사냥단의 리더, 또는 머리사냥의 발기인이 맡기도 했다. 대원은 자원한 사람들 중에서 일반적으로는 10명 정도로 구성하였다. 머리사냥은 일반적으로 다수의 사람들이 정면으로 교전을 벌이기보다, 매복하고 급습하는 방식을 취했기 때문에 10명 정도가 함께 움직이기에 적당했다.

대원들이 구성되면 이들은 마을의 족장 집에 모인다. 그곳에서 이번 머리사냥의 필요성과 목적, 지켜야 할 규칙과 금기를 설명한다. 머리사냥 팀에 들어간 후에도 갑자기 가족 중 누군가가 병이 나거나, 꿈에 불길한 징조가 나타나거나, 집안에 아기가 태어났는데 탯줄이 아직 떨어지지 않았으면 탈퇴하였다. 또한

14 巴蘇亞·博伊哲努(浦忠成), 위의 책, 252-253쪽.

마을에 누군가가 죽거나, 혼례가 있거나, 일식이나 월식이 있거나 하면 전 대원이 한 달 정도 출발을 미뤄야했다.

출발 전에는 마을 밖에 작은 움막을 짓고, 그곳에 모여 구체적 계획을 세우고, 물로 정화의식을 치르고, 새점(鳥占)이나 꿈점(夢占)을 치는 일련의 의식을 행했다. 물로 정화의식을 하는 것은 대원들에게서 부정한 기운을 쫓아 안전하게 돌아오기를 기원하는 의미와, 같은 물로 함께 정화의식을 치름으로서 단결심을 다지는 의미가 있었다.[15] 그리고 새 점이나 꿈 점으로 길흉을 판단하여 길조일 때에만 길을 떠날 수 있었다.

목적지에 거의 도착하면 다시 임시로 움막을 짓고 적의 혼을 부르는 의식을 거행한다. 역시 조상들이 모두가 안전하게 머리사냥에 성공하도록 도와주기를, 적의 수급을 내려주기를 기도하며 다시 한 번 부정한 기운을 물리치는 것이다. 그 후 리더의 지휘 하에 정탐하고 매복하였다가 급습을 통해 적을 사냥하여 머리를 벤다. 베어 낸 머리는 머리 자루에 담고 돌아오는데, 대원들이 모두 안전하게 마을로 돌아와야만 그 사냥은 성공한 것으로 간주되었다. 즉 부상자나 사망자가 있으면 아무리 많은 수급을 가져와도 그 사냥은 실패로 간주되며, 그것은 대단히 불길하고 불명예스러운 일이었다.

머리 사냥에 성공하여 마을로 돌아오면, 마을 가까이에 와서 큰 소리로 부르거나 총성으로 마을 사람들에게 알린다. 그 소리를 들으면 그들의 가족들이 머리사냥 팀을 맞이하러 앞으로 나오는데, 월경 중이거나 길쌈을 할 줄 모르는 부녀자는 앞으로 나올 수 없다. 마을 사람들 모두가 환호성을 지르며 용사들과 그들이 사냥해온 수급을 맞이하는데, 어린아이들한테도 머리를 손에 쥐고 만지게

15 물로 정화 의식을 치를 때 팀의 대장은 바가지에 물을 담아 나뭇가지에 달린 잎을 물에 담그며 이렇게 기도한다. "지금 우리가 음-가야(mg-gaya)를 하러 떠나니 이 물로 조상들의 영령이 우리를 머리끝부터 발끝까지 보호해주시기를 비옵나이다." (廖守臣, 『泰雅族的社會組織』, 223쪽.)

하여 용기를 기르도록 훈련시킨다.[16]

그리고는 사냥의 성공을 축하하는 적수제(敵首祭)를 열어 조상들의 덕을 칭송하며 감사를 드리는데, 보통 2-3일 동안 지속된다. 그런데 이 제전에서는 조상들의 덕만 칭송하는 것이 아니라 사냥해 온 머리, 즉 적수(敵首)를 잘 대접하는 것도 중요한 부분이다. 그들은 이 머리에 영험한 힘이 있어, 이 머리를 잘 대접하면 재해도 막고 사악한 기운도 쫓을 수 있다고 믿었기 때문이다. 아타얄족은 적수제를 통해 전염병도 쫓고, 작물의 번식을 촉진시킬 수 있다고 여겼다.[17] 따라서 머리사냥을 한 사람은 그 머리를 자기 집으로 가져가 그 입에 먹을 것을 넣어준다. 또한 아픈 사람이 있으면 사냥한 머리의 머리카락을 잡고 환자 몸 위에서 흔들면서 병이 낫기를 기원하기도 하였다. 이렇게 마을로 들어온 머리는 더 이상 능욕해서는 안 되며, 신령처럼 잘 모셔야 했다.

제전을 마칠 때면 이 머리는 마을 마다 있는 머리선반에 놓였다. 일반적으로 머리가 오래된 순서대로 오른쪽에서부터 왼쪽으로 놓지만, 최근에 사냥해 온 머리가 있으면 그 머리를 가운데 놓는다. 만약 더 새로운 머리가 생기면 가운데 있던 것을 왼쪽 끝으로 보내고 새로운 머리를 그 자리에 놓는다. 오래 볕에 두었던 머리는 자루나 대광주리 안에 넣어 창고나 가옥의 처마 아래 걸어둔다.[18] 이렇듯 머리사냥의 전 과정은 대단히 치밀하고, 엄격한 규율과 금기, 분명한 절차로 이루어진 일종의 종교적 의례였다.

그렇다면 머리사냥은 언제, 어떠한 경우에 행해졌는가? 우선 머리사냥은 정기적 사냥과 비정기적 사냥으로 나눌 수 있다. 예컨대 아타얄족에게는 조상들의 영령에게 제사를 올리는 조령제(祖靈祭 ma hou)[19]와 곡식을 수확한 후 조상

16 廖珮雯,「臺灣原住民族獵首習俗與傳說」, 國立中興大學碩士學位論文, 2010. 69쪽 참고.

17 達西烏拉彎·畢馬(田哲益),『泰雅族神話與傳說』, 臺北, 晨星出版有限公司, 2002. 261쪽.

18 위의 책, 360쪽.

19 아타얄족의 주요 제례 중 하나인 조령제는 마을의 선하고 악한 모든 조령에게 제사를 지내는 활동이다.

들에게 풍년을 감사드리는 풍년제(豐年祭)가 가장 중요한 제전들이었는데, 이런 제전을 위한 머리사냥은 일정한 시기에 이루어졌다. 하지만 복수나 내기, 설욕, 분쟁의 판결, 결백을 증명하기 위한 머리사냥은 사건 발생 시간에 따라 수시로, 게다가 수차례 진행될 수 있었다. 따라서 머리사냥은 1년 중 언제라도 발생할 수 있었고, 같은 부족 사람을 제외한 누구라도, 남녀노소를 불문하고 그 희생양이 될 수 있었다. 다만 적진에 아기가 있으면, 그 아기는 죽이지 않고 데려다 잘 키워 동족으로 삼기도 하였다.[20] 이렇듯 머리사냥은 약탈이나 살육 자체가 목적이 아니라, 원주민들의 사회 문화적 에토스에 의한 의례적 폭력이었던 것이다.[21]

III. 머리사냥 신화에서 죽음과 세계의 갱신

타이완 원주민족 대부분이 머리사냥 습속이 있었다 해도, 채록되어 남아 있는 관련 신화가 현재 16개 원주민족 각각으로 분류되지는 않는다. 2001년 타오족의 분리를 시작으로 카발란족, 트루쿠족, 사키자야족, 세딕족, 그리고 2014년 사아로아족, 카나카나부족이 분리되어 16족이 되기 전까지, 전통적으로 타이완 원주민은 아타얄족, 부눈족, 쩌우족, 사이시얏족, 파이완족, 푸유마족, 아미스족, 타오족, 루카이족의 9족으로 분류되었다.[22] 예컨대 현재의 세딕족과 트루쿠

조령제는 주로 좁쌀을 파종한 후, 그리고 좁쌀을 수확한 후, 이 두 시기에 지낸다. 주로 동일한 근원의 祖靈에게 제사를 드리며, 각각의 집안 자체로 거행하는데 원칙적으로 공개되지 않으며 남자들만 참가할 수 있다. (王煒昶, 『臺灣原住民族祭典的聖會』, 「呼喚祖靈: 泰雅族祖靈祭」, 南天書局有限公司, 臺北, 2004. 10. 174쪽 참고)

20 廖珮雯, 위의 글, 63쪽 참고.

21 拙稿, 위의 글, 255쪽.

22 타이완 원주민 분류체계는 1898년 일본의 인류학자 이노 카노리(伊能嘉矩)가 처음으로 만들었다고 알

족은 원래 아타얄족에 속하였기 때문에, 이들의 신화는 아타얄족의 신화로 수집, 분류되었고, 사아로아족이나 카나카나부족은 쩌우족에서 분리되었다. 따라서 본고에서는 어느 정도 온전한 형태로 머리사냥 신화가 채록되어 남아 있는 아타얄족, 부눈족, 쩌우족, 파이완족, 푸유마족, 아미스족, 루카이족을 대상으로 한다. 주로 머리사냥의 기원이나 유래를 담은 신화를 다룰 것이며, 이 폭력의 발생과, 희생양 선택 과정 및 그 특징, 그것이 불러온 결과, 그리고 그 안에 담긴 죽음을 담보로 한 세계 재생의 메카니즘을 고찰할 것이다.

1. 발단

애초에 폭력이 발생하는 데에는 모종의 갈등이나 불균형, 결핍 등이 발단이 되곤 한다. 타이완 원주민들의 머리사냥 신화에서 그것은 홍수, 인구의 불균형, 부정한 관계, 귀신의 소동이나 흉작 등으로 표현된다. 우선 쩌우족 신화에서 머리사냥이 일어나는 상황은 주로 홍수의 발생과 관련이 있다.

[쩌우-1][23]

홍수가 일어났을 때, 쩌우족은 들짐승을 활로 쏘아 잡아먹고 살았다. 어느 날 개 한 마리를 잡아먹고 그 머리를 대나무 장대에 꿰어 땅위에 꽂아놓아 사람들을 즐겁게 해주었다. 또 어느 날은 원숭이를 사냥하여 그 머리를 꽂아놓으니 사람들이 더욱 재미있어했다.

그 후 사람들은 사람 머리로 하면 훨씬 더 재미있겠다고 생각했다. 마침 한 말썽

려져 있다. 그는 원주민을 4군(群) 8족(族)으로 나눴다. 그 이전에는 평지에 거주하는 원주민을 평포족(平埔族), 산지에 거주하는 원주민을 고사족(高砂族: 중화민국정부 시기에 高山族으로 수정), 또는 이른바 '교화' 정도에 따라 숙번(熟蕃)과 생번(生蕃)으로 나누는 식이었다.

23 서술의 편의를 위해 [민족명-신화 일련번호]로 표시하였다.

쟁이가 지나가자 그를 죽여 그 머리를 높이 꽂아놓으니 사람들이 대단히 즐거워했다.

홍수가 물러간 후 각 부족은 흩어져 살 길을 모색하였고, 세월이 많이 지나자 마음도 자연스레 멀어졌다. 그리하여 서로 죽여 머리를 가져다 즐기는 것이 머리 사냥 습속을 이루게 되었다.

홍수는 분명 인류의 생존을 위협하는 사건이다. 이와 유사한 유형의 쩌우족 신화들을 살펴보면, 홍수가 일어나자 사람들은 산 위로 피신한다. 그리고 위의 신화에서 "들짐승을 활로 쏘아 잡아먹고 살았다"고 하는 것처럼 수렵을 주요 생산양식으로 삼았다. 이 상황에서 사람들은 개와 원숭이, 그리고 결국 사람의 머리까지 잘라 장대에 꽂아 세워두는 행위를 개발하고, 이후 홍수는 물러간다. 그리고 이 태초의 행위가 이후 머리 사냥 습속을 이루었다는 것이다. 표면상으로 머리사냥은 사람들에게 재미와 즐거움을 주었지만, 서사구조의 전체 맥락에서 볼 때 머리사냥은 홍수에서 발단하여 홍수 퇴치라는 결과를 낳는다.

머리사냥의 유래와 관련하여 아타얄족에게 전해지는 대표적인 설화 유형은 인구 나누기 과정에서 소리 내기를 하는 이야기이다. 여러 가지 판본이 있지만 기본적인 이야기 구조는 서로 유사하다. 그 중『번족관습조사보고서 제1권: 태아족(番族慣習調查報告書第一卷: 泰雅族)』에 기록된 이야기를 보자.

[아타얄-1]

옛날 우리 조상이 핀습칸(pin sbkan)[24]에 살 때의 일이다. 인구가 점차 늘어나자

---

24 警察本署 著, 黃文新 譯,『蕃族一班』(1916)에 실린 판본에서는 피누수바추카누(pinusubatsukanu)라고 한다. 達西烏拉灣·畢馬은 아타얄족 전설에서 제시되는 발상지로 핀스부칸(Pinsebukan), 파파쿠아카(Papakwaqa: 大覇尖山), 부노본(Bunobon: 白石山), 세 개의 계통이 있다고 하였다.(達西烏拉灣·畢馬, 위의 책, 8쪽)

땅이 너무 좁다고 여겨, 주요 인물들이 서로 의논하여 인구를 둘로 나눠 절반은 그대로 산에 살고, 나머지 절반은 평지로 가서 살기로 결정하였다. 하지만 사람 수가 너무 많아 다 셀 수가 없으니 산에 남을 사람은 갑산(甲山)으로 올라가고, 평지로 내려갈 사람은 을산(乙山)에 올라가 양쪽에서 서로 함성을 질러 그 목소리 크기에 따라 사람 수의 많고 적음을 판단하고 조정하기로 하였다. 그렇게 쌍방은 각각의 산에 올라갔고, 갑산에 오른 사람들이 먼저 소리를 질렀다. 약속한 대로 모두가 한꺼번에 소리를 질러 그 소리가 매우 컸다. 다음으로 을산에 올라간 사람들이 소리를 질렀는데, 그 무리의 우두머리가 교활하여 그 쪽 사람들의 절반은 산에 숨어서 소리를 지르지 않게 했다. 그래서 그들의 함성은 매우 작았다. 그러자 갑산 사람들은 을산 사람들보다 수가 많다고 생각하고, 사람들 일부를 을산으로 보내주었다. 그런 다음 양쪽에서 다시 소리를 질렀는데, 이번에는 을산 사람들 전부가 함성을 질러 그 소리가 산을 뒤흔들 정도로 매우 컸다. 갑산의 우두머리는 을산의 우두머리가 속였음을 깨닫고 사람들을 돌려달라고 했으나 을산의 우두머리는 들어주지 않고, 갑산의 우두머리와 다음과 같이 약조하였다. "앞으로 산에 남은 사람들 사이에 쟁의가 발생하여 그 시비를 판정할 수 없다면, 우리 쪽 사람의 머리를 사냥하여 시비를 가려도 좋다. 우리는 이에 대해 영원히 이의를 제기하지 않겠다." 그런 다음 자기 쪽 사람들을 데리고 평지로 내려갔다. 당시 산지에 남은 사람들이 우리 아타얄족의 조상이고, 평지로 내려간 사람들이 음크마준(mkhmajun: 'khmay'는 '많다'는 뜻)이 되었다. 그들이 현재 어디에 살고 있는지는 확실치 않지만, 아마도 평포족의 일부일 것이다. 혹자는 평지로 간 사람이 플무칸(plmukan), 즉 중국인의 조상이라고도 한다.[25]

여기에서는 인구가 늘어나 민족이 분리되는 과정과, 그 과정에서 일어난 사

25 達西烏拉彎·畢馬(田哲益), 『泰雅族神話與傳說』, 台北, 晨星出版有限公司, 2002. 363-364쪽 참고.

건, 그리고 그 사건에 대한 대가로 머리사냥이 비롯되었음을 이야기하고 있다. 여기에서는 인구 증가로 인한 '땅의 협소함', 즉 이들이 살아갈 터전과 자원의 부족이 첫 번째 위기이자 불균형을 이룬다. 그 위기를 해결하기 위한 방안으로 이들은 인구를 공평하게 나누기 위한 '소리 내기'를 하는데 이 과정에 속임수가 개입되면서, 인구 분리의 불균형을 초래한다. 이렇게 조상들의 시간에 행해진 기만은 일종의 원형적 죄로서 이후 대대로 이어지는 머리사냥 행위의 근거를 제시한다. 즉 머리사냥 행위는 옛 조상들의 계약에 따른 일종의 용인된 폭력이 된다. 또한 그 기만은 산에 남은 아타얄족이 아닌 평지로 내려간 이들의 우두머리에 의해 행해진 것이기에, 평지 민족이 아타얄족 머리사냥의 대상이 되는 근거 또한 제시된다.

푸유마족 신화에 나타나는 폭력의 발단은 남녀의 부정한 관계이다.

[푸유마-1]

팁티판(tiptipan)과 아포로(aporo)는 부부였는데 아이를 둘 낳았고, 또 사내아이 하나를 데려다 돌봐주었다. 아이들이 장성하였을 때, 팁티판과 그 사내아이가 오래도록 정이 쌓여 관계를 갖고 임신까지 하게 되었다.

아포로는 모욕감을 참을 수 없어 큰 아들을 데리고 북쪽으로 향하여 계속 가다가 아미스족 마을에 도착하였는데, 아미족 사람들이 그를 죽이고 그 머리를 가져다 춤추는 광장의 중앙에 걸어놓고, 그 머리를 둘러싸고 춤을 추었다.

즈번(知本)의 응기리우(ngiliu)와 카라피앗(karapiat), 그리고 난왕(南王)의 로아이(loai)는 아포로를 찾으러 갔는데 그들이 아포로의 머리가 제물이 된 것을 발견하고는, 그 보복으로 아미스족을 도살하였고, 라라잔(lalajan)이라는 이름의 여자아이를 약탈하여 카제카란(kazekalan)으로 돌아왔다.

아미스족 사람들은 재차 머리사냥을 하러 와서 로아이를 창으로 찔러 상처를 냈는데, 로아이는 부상을 입은 채로 계속 도망하여 고향인 난왕(南王)에 돌아와서

야 눈을 감고 세상을 떠났다. …… 그리고 응기리우는 라라잔을 아내로 삼았다.[26]

아내 팁티판이 양자와 맺은 불륜은 정상적인 관계를 깨뜨리는 행위이며, 르네 지라르 식으로 표현하자면 양자와 아버지의 사이에 무차별화의 위기가 발생하는 사건이다.[27] 그 불균형은 남편과 장자가 자신이 있어야 할 곳을 이탈하게 만들고, 그 과정에서 결정적 폭력이자 초석적 폭력으로서 머리사냥이 발생한다. 이 폭력은 응기리우, 카라피앗, 로아이에 의한 아미스족의 도살이라는 복수를 부르고, 그 폭력은 아미스족의 머리사냥과 로아이의 부상과 같은 또 다른 폭력을 부른다.

푸유마족 신화에서 보이듯이 아미스족에게는 이미 머리사냥 습속이 있었던 것으로 묘사되는데, 아미스족의 신화에서는 머리사냥의 유래에 대해 다음과 같이 이야기한다.

[아미스-1]

대략 이삼백 년 전 부락에 귀신이 자주 소동을 피웠다. 주민들은 두목이 이를 해결할 능력이 있는 건지 의심하였다. 두목도 부족 사람들이 자신을 비난한다는 소문을 듣고는, 천신 마라다오(馬拉道)에게 지시를 내려줄 것을 청했다. 마라다오가 말했다. "죽은 사람의 뼈를 주워다 함께 놓고 제사를 지내면 귀신이 사라질 것이다." 두목은 천신의 지시대로 모두에게 알려주었지만 사람들은 다들 두려워하였다. 모두들 죽은 사람에게도 가까이 갈 엄두를 못 내는데 죽은 사람의 뼈를 주워오는 것은 말할 것도 없었기 때문이다. 두목은 하는 수 없이 죽은 자의 형제

26 Alton Quack 編, 洪淑玲 譯(1988), 『老人的話知本卑南族發展史中的傳說』(上)에 실린 내용을 達西烏拉彎·畢馬(田哲益), 『卑南族神話與傳說』, 晨星出版, 臺中, 2003. 339에서 인용.

27 양자와 부인의 불륜관계로부터 위기가 생겨나고 그 해결과정이나 후속과정에서 머리사냥이 유래하는 유형은 중국 雲南省 佤族의 머리사냥 신화에서도 발견된다.

> 자매나 다른 친인척들을 불러 모아 뼈를 주워와 천신의 말대로 하고 나니 귀신이 정말로 줄어들었다. 모두들 이 두목이 대단하다고 칭찬했다.
>
> 그 때 사람들은 모두 산비탈 밭에 작물을 심었는데, 그 방식은 우선 손으로 제초를 하고 다시 불을 놓아 잡초를 재가 되도록 태운 다음, 돌조각으로 땅을 파서 씨를 뿌리는 식이었다. 돌조각으로 땅을 팔 때 깊이 파지 않아서 고구마가 모두 땅위로 자랐다. 또 같은 곳에 작물을 심을 때에는 땅에 이미 양분이 없어져 농작물이 잘 자라지 않았다. 주민들은 이것이 천재(天災)라고 생각하고 또 두목을 찾아가 방법을 구했다. 두목은 다시 천신에게 지시를 내려줄 것을 청했다. 천신이 말했다. "이번에는 뼈에 제사지내는 것만으로는 부족하니, 반드시 한 사람을 죽여야 한다. 그러지 않으면 농작물이 잘 재배되지 않을 것이다." 천신이 누군가를 죽여야 한다고 지시했지만 자원해서 죽겠다고 할 사람이 누가 있겠는가? 모두들 이를 알고는 감히 문밖으로 나가지 않고 두목한테 잡혀 죽임을 당할까봐 두려워했다. 나중에 그들은 한 바보를 희생시켜 뼈를 두던 곳으로 가져가 제사를 지냈다. 과연 작물이 잘 자라 풍성한 수확을 하였다. 이리하여 대대로 이렇게 제사를 지냈다. 이것이 풍작을 기원하며 머리사냥을 하게 된 유래이다.[28]

이 이야기에서 나타난 첫 번째 위기는 귀신의 소동이다. 귀신의 소동은 공동체 리더에 대한 불신을 부른다. 다행히 죽은 자의 뼈를 주워와 제사를 지내는 용기 있는 행동으로 첫 번째 위기는 해결된다. 그러나 '흉작'이라는 두 번째 위기가 찾아온다. 농작물의 흉작은 공동체의 생존을 위협하는 더 큰 위기이다. 이 위기를 해결하는 건 산 사람의 머리를 베는 더 큰 희생과 폭력이다. 흥미로운 점은 이 더 큰 위기를 극복하는 더 큰 폭력 행사의 과정에서 두목은 불신의 대상에서

28 金榮華, 『台灣花蓮阿美族民間故事』, 33-34쪽, 巴蘇亞·博伊哲努(浦忠成), 『臺灣原住民族文學史綱(上)』, 臺北, 里仁書局, 2009.10. 269쪽에서 인용.

두려움의 대상이 되고, 위기의 해결을 통해 질서가 안정되었다는 사실이다.

2. 희생양

한편 [쩌우-1]에서 희생되는 것은 개, 원숭이, 사람으로 옮겨간다. 이렇게 머리사냥의 유래 신화에서 원래의 희생물은 사람이 아닌 짐승이나 곤충에서 시작되는 경우가 종종 보인다. 뒤에서 살펴 볼 쩌우족의 또 다른 신화([쩌우-3])에서는 처음에 잠자리, 그 다음은 타리파라는 짐승, 그 다음 사람이 희생되며, 아래의 신화에서는 산양이 첫 번째 희생양이다.

[쩌우-2]

쩌우족이 옥산(玉山)에 모여 홍수를 피하고 있을 때, 먹을 곡식이 없어 짐승의 고기만 먹었다. 고기를 먹을 때는 우선 그 짐승이 살지게 자랐는지 보고 잡아먹었다. 하루는 사람들이 노래를 만들어 신에게 들려주고 싶어서, 이에 산양 한 마리를 잡고 그 머리를 대나무 장대에 끼워 땅에 꽂았다. 사람들이 노래를 부르려고 하는데 노래 소리가 잘 맞지 않다고 느꼈다. 그래서 개를 한 마리 잡아 그 머리를 꽂고 노래를 지어 부르자 이번에는 그 소리가 더 좋아졌다. 하지만 사람들은 아직 만족스럽지 않았다. 그래서 다시 원숭이를 잡아 그 머리를 꽂아 보니, 이번에는 노랫소리가 상당히 좋았다. 하지만 여전히 조금 부족하게 느껴졌다.

그 때 아주 말썽꾸러기인 소년(na' no kuici-oko 또 다른 뜻은 '불완전한' 아이)이 있었는데, 어떤 사람이 이 아이를 죽여 그 머리로 해 보자고 했다. 사람들은 정말로 이 소년을 죽여 그 머리로 신에게 제사를 지내고 다시 노래를 부르기 시작하자, 이번에는 노랫소리가 대단히 듣기 좋았고, 사람들은 천신이 이것을 좋아한다는 것을 알았다.

이렇게 머리사냥 희생물이 곤충이나 짐승에서 사람으로 전환되어 가는 과정에는 일종의 패턴이 있다. 사람과 거리가 먼 것에서 시작해서, 점차 사람과 가까운 것으로 희생 대상이 옮겨간다는 것, 그리고 사람과 가까운 것이 희생될수록 그 효과가 강력해진다는 것이다. 예컨대 [쩌우-2]의 '산양-개-원숭이-사람'은 '들짐승-가축-유인원-사람'으로 희생물이 발전해간다. 이것은 일반적으로 알려진 종교의 발전 과정, 즉 원시종교에서의 인간희생이 점차 동물희생이나 희생의 상징물로 대체되어 가는 식으로 폭력이 순화되고 문명화되었다는 상식과는 정반대의 방향성을 보여준다. 하지만 들짐승에서 사람으로 옮겨가는 이 과정은 그 희생양의 성격만 놓고 레비-스트로스 식으로 해석하자면 아이러니하게도 날것에서 익힌 것으로, 자연에서 문화로 옮겨가는 과정이다. 그리고 짐승이 아닌 사람이 희생되었을 때, 이것은 반복되는 습속이자 의례를 이룬다.

다음의 루카이족 신화에서도 희생물은 '새-원숭이-사람'이 된다. 그리고 의례의 방식도 제시된다. 즉 희생물을 둘러싸고 노래하며 춤추는 것이다.

[루카이-1]

옛날에 '일라(ila, 伊拉)'사(社)의 두목이 늘 그 부하에게 새를 잡으라고 명하여, 그 죽은 새를 바치면서 스스로 즐겼다. 새를 다 죽이고 원숭이까지 죽이게 되니 더욱 재미가 있었다. 그래서 매일 부하를 보내 곳곳에서 원숭이를 잡게 하니 부근에 원숭이가 다 자취를 감추어 결국 멀리 해변까지 가게 되었다.

하지만 부하가 돌아와 원숭이 머리를 들고 모두에게 노래하고 춤추게 하였을 때, 갑자기 따분하고 재미가 없다고 느꼈다. 그리하여 만약 사람 머리로 한다면 대단히 재미있을 것이라는 생각이 들어 다른 마을로 가서 어떤 사람의 머리를 사냥해 돌아왔다. 모두가 그 머리를 에워싸고 노래하고 춤을 추었다.

사람들이 흥분하고 고무되어 매우 신나게 춤을 추니 그 모습이 매우 재미있었다. 그러자 이후로 사람들을 노래하고 춤추게 할 때는 우선 머리사냥을 했고, 다

른 마을들에서도 너도나도 이를 따라하였다.[29]

사람을 희생했을 때의 강렬한 효과는 이를 반복하게 한다. 즉 이 습속은 다른 마을에까지 확산된다. 한편 푸유마족 신화 중 인간 희생에 대한 언급은 빠져 있지만, 의례화 되는 중간 단계를 보여주는 신화가 있다.

[푸유마-1]

파구마레이(pagumaLay), 파굼시르(pagumsir) 부부의 자손 중 데마루와이(demaLuway)(남), 레마루쿠이(lemaLukuy)(여) 남매가 있었다. 이 남매는 결혼하여 투바풀(tubapuL)(남)을 낳았다. 투바풀은 어려서 우산 살처럼 생긴 차양틀을 들고 벽호(壁虎, 도마뱀붙이) 한 마리를 잡아, 그 네 다리를 묶고, 대나무에 꿰어 천막 안에서 놀았다. 이튿날에는 도마뱀을 잡아 전날처럼 가지고 놀았다. 인근의 아이들도 와서 이 놀이에 참가하여, 결국 아이들은 차양틀 놀이에 매우 흥미를 느꼈다. 투바풀의 양친이 아이들이 노는 것을 보고 찰떡을 만들어 먹였다. 나중에 아이들이 성장하자, 차양틀도 점차 개량되어, 더욱 규모가 커져, 원숭이가 도마뱀붙이를 대신하게 되었다. 원숭이를 죽였을 때가 마침 좁쌀 수확을 마친 농한기여서, 아이들의 양친은 또 찰떡을 만들어 그들에게 먹였다. 나중에 이것은 해마다의 관례가 되어 이 천막은 소년들의 집회소의 기원이 되었다. 동시에 정월에 원숭이를 죽이고, 떡방아를 찧는 등의 의식이 전해지게 되었다.[30]

여기에서도 파충류(도마뱀)에서 원숭이로 인간과 가까워지는 과정이 드러난다. 한편 이 신화는 평지 민족인 푸유마족의 생산 양식과 머리사냥의 관련성

---

29 達西烏拉彎·畢馬(田哲益),『魯凱族神話與傳說』, 晨星出版, 臺中, 2003. 306쪽.

30 巴蘇亞·博伊哲努(浦忠成), 위의 책, 261쪽.

을 보여주는데, 이 습속이 조의 수확을 마쳤을 때 이루어졌다는 점이 그러하다. 또한 타이완 원주민들은 일반적으로 마을마다 남자들이 모여서 회의를 하는 일종의 집회소가 있는데, 이 신화에서는 집회소의 유래 역시 머리사냥 습속의 과정과 연관이 된다.

동물이 아니라 식물에서 사람으로 희생양이 변한 경우도 있는데, 파이완족의 신화가 그 좋은 예이다.

[파이완-1]

처음에 장정들은 이야이치(Ijaici)나무의 열매를 광장 한 가운데 놓고, 여러 사람이 원형으로 그 열매를 둘러싸고, 열매를 바라보면서 춤을 추었는데, 재미가 없다고 느꼈다. 나중에 원숭이 머리를 가져와 춤을 추니 약간 재미있었다. 그러자 그렇다면, 사람 머리로 하면 훨씬 재미있을 거라는 생각을 하게 되었고, 그리하여 머리사냥이 시작되었다.[31]

이 경우는 식물의 열매에서 원숭이로, 원숭이에서 사람머리로 희생물이 변화한다. 하지만 아래의 신화에서는 사람 전(前)단계 희생물로서의 동물을 거치지 않고, 바로 열매에서 사람으로 옮겨간다.

[파이완-2]

옛날 '이바카스(伊巴卡斯)'에 '푸라루양(普拉魯央)'이라는 두목이 있었다. 한번은 그가 '타무니무니(塔姆尼姆尼)'풀의 열매를 모아 뜰의 바위 위에 둥글게 진열해 놓고, 또 하나는 그 가운데 놓았는데, 아주 보기 좋다고 생각했다. 그리고는

31 排灣族 vuculj 와 tjukuvulj社의 구전설화. 臺灣總督府臨時臺灣舊慣調査會 2003, 153-154쪽. 巴蘇亞·博伊哲努, 268쪽에서 재인용.

만약 중앙에 사람 머리를 대신 올려놓으면 어떨까 하고 생각했다. 그래서 어느 날 그는 다른 마을(社) 사람의 머리를 잘라와 그 가운데에 놓으니, 과연 매우 근사하게 보였다. 이후로 일이 없는 때를 이용해 머리사냥을 떠났다.[32]

열매의 모양은 사람의 머리를 연상시킨다.[33] 이 위험한 상상은 결국 실현되었고, 그것은 "매우 근사했으며", 그 "근사함"이 이 행위를 반복되게 만든다. 이렇게 파이완족 신화에서도 인간 머리의 희생은 습속을 이루며 의례화 된다.

3. 인간 제물

위에서 살펴본 것처럼 결국 머리사냥 의례는 인간을 희생하는 것으로 완성되었다고 할 수 있다. 그것은 [푸유마-1], [루카이-1], [파이완-1], [파이완-2] 신화에서처럼 일반적으로 다른 부족이나 다른 마을 사람, 즉 이방인이 표적이 되며, 보통 성인이 희생된 것으로 보이지만 아래의 신화를 보면 어린아이가 표적이 되기도 하였다.

[푸유마-2]

옛날에 마우이르(mauir)라는 이름의 아미스족이 있었는데 매일 밤마다 푸유마사(卑南社)로 와서 어린아이의 머리를 잘라갔다. 마을 사람들은 함정을 파서 마우이르를 잡아, 그 머리를 베었는데, 이것이 머리사냥의 시작이다.[34]

32 達西烏拉彎·畢馬(田哲益),『排灣族神話與傳說』, 晨星出版, 臺中, 2003. 268쪽.

33 실제로 실제 머리사냥이 사라진 현재, 남도어족 일부 원주민은 자신들의 인두제(人頭祭)를 재현할 때 사람 머리 크기의 코코넛 열매 같은 것을 대용품으로 쓰기도 한다.

34 達西烏拉彎·畢馬(田哲益),『卑南族神話與傳說』, 晨星出版, 臺中, 2003. 336쪽.

한편 머리 사냥의 최초의 폭력이 동족의 같은 마을 사람에게 가해지기도 하는데, 앞서 본 [쩌우-1]과 [쩌우-2]에서는 말썽쟁이 소년(또는 '불완전한 아이', na'no kuici-oko), [아미스-1]에서는 한 바보로 제시된다. 르네 지라르에 따르면 희생양 메카니즘은 더 이상 보복의 위험이 없는 희생양을 선택하여 모든 폭력이 그 하나로 향하게 만드는 만장일치의 폭력이며, 그것이 성스러움을 낳는다. 따라서 희생양으로는 종종 복수의 위험이 없는 이방인, 아이, 불구자 등이 선택된다. 여기에서도 말썽쟁이 소년은 모두의 악의가 집중될 수 있는 희생대상이다. 마을 사람들이 다들 두목을 공격을 경계하며 두문불출하고 있을 때 바보는 가장 희생되기 쉬운 대상이다. 게다가 그 갈등의 씨앗이나 불완전함이 이들에게 가해진 폭력을 정당화시켜준다.[35]

하지만 이렇게 그럴듯한 인간-희생만이 선택된 것은 아니다. 아브라함이 이삭을 희생하려는 장면이 그러했듯이 가장 참혹하고 강렬한 폭력은 육친이 희생물로 선택되는 장면에서 드러난다. 후에 사아로아족으로 분리된 남부 쩌우족 신화에는 어려서 부모를 잃은 네 형제로부터 머리사냥이 시작되었다는 이야기가 전한다.

[쩌우-3]

옛날에 네 형제가 있었는데 어려서 부모를 잃자, 할머니 혼자서 이들을 키웠다. 하루는 그들이 잠자리 머리를 잘라 바위 위에 올려놓고, 손에 손을 잡고 잠자리

35 르네 지라르는 "사람들이 어떤 사회적·민족적·종교적 부류에 속한 사람들을 희생물로 선택할 때, 그 부류의 사람들에게 불구나 기형과 같은 속성을 부여하여 그들이 실제로 불구자나 기형인 것처럼 만들어 사람들의 부정적인 시선이 그들에게 더 집중되도록 하는 경향이 있다."고 지적하면서 이런 비정상이 육체에만 국한 것이 아니라, "존재와 행동의 모든 영역에 비정상이 있"으며, 이러한 비정상이 희생양 선택의 우선적 기준이 된다고 보았다. 쩌우족 신화에서 머리사냥의 희생양이 된 말썽꾸러기 소년, 'na'no kuici-oko'에 '불완전한 아이'라는 뜻도 있다는 사실은 이러한 맥락에서 의미심장하다. (르네 지라르, 『희생양』, 민음사, 35-36쪽)

머리를 둘러싸고 노래를 부르며 춤을 추었다.

그런 다음 타리파(ta ri pa)의 머리를 잘라 똑같이 바위 위에 올려놓고 노래하며 춤을 추었다. 한 번, 두 번, 세 번 거듭할수록 즐거움이 더해갔다.

그러다 결국 사람의 머리를 자르고 싶다는 욕망이 생겨났다. 하지만 그건 결코 쉬운 일이 아니었다. 네 형제는 아무리 고심해도 좋은 대책이 없자, 결국 할머니 머리를 잘라내기로 결정하고 할머니가 잠들었을 때 머리를 잘라, 역시 바위 위에 올려놓고 머리를 바라보면서 손에 손 잡고 노래 부르고 춤추며, 전에 없던 즐거움을 느꼈다. 흥분이 가시고 제정신이 돌아오자 할머니가 온 몸에 피를 흘리고 있고, 머리는 다른 쪽 바위 위에서 구르고 있음을 깨달았다. 네 형제는 뼈저리게 후회하고, 비통함을 그칠 수 없어, 신에게 할머니의 몸을 원래대로 돌아오게 해달라고 기도했다. 신도 그들을 가엽게 여겨 그들의 소원을 들어주었다.[36]

어려서 부모를 잃었다는 것은 생존을 위협하는 중대한 결핍이다. 이를 채워준 것이 이 네 형제를 양육한 할머니이다. 이들에게 할머니의 존재는 자신들의 생존을 보장해주는 힘이다. 그런데 폭력의 과정에서 일어난 흥분과 열광이 애초의 폭력을 점차 더 큰 폭력으로 전이, 확대시키며 결국 끔찍한 죄를 저지르게 만든다. 이는 단순히 죄일 뿐 아니라 이들 존재의 큰 위기이자, 이들로서도 가장 큰 희생이라고 할 수 있다. 다행히 이들의 참회는 신에 의해 받아들여지며, 이들과 가장 가까운 인간존재이자 이들의 생명의 근원인 할머니는 부활한다. 그리고 태초의 이 사건으로부터 머리사냥이 비롯되었다.

머리사냥 기원신화에서 부친 살해가 일어나는 경우도 있다.

36 達西烏拉彎·畢馬(田哲益),『鄒族神話與傳說』, 晨星出版, 臺中, 2003. 320쪽.

[아미스-2][37]

옛날에 로나 아와우(lona awau)와 토팔루 쭌(topalu tsun) 부부가 부족마을의 제사법과 설 쇠기 방법을 만들어내었다. 그들은 마자우(majau)와 오낙(onak)이라는 두 아들을 키우고 있었다.

하루는 아버지와 두 아들이 사냥을 하러 갔는데, 아버지가 아들들에게 물을 길어오라고 하였다. 그러나 물이 탁하여 형제는 물을 길어오지 못했다. 나중에 아버지가 두 아들에게 물을 흐린 자를 잡아 그 머리를 베어오라고 하였다. 형제는 아버지 말씀대로 하였는데, 머리를 베고 보니 그것이 자기 아버지의 머리임을 발견하고 슬피 울었다. 하지만 자세히 생각해보니 아버지는 스스로를 희생하려 한 것임이 분명했다.

집으로 돌아오자 어머니는 너무 화가 나서 아들들에게 머리사냥을 하여 속죄하라고 했다. 그들은 치우부난(tsiuvunan) 사람의 머리를 베기로 결정하고 계획대로 잘 되어 형제는 많은 머리를 사냥하였다. 그러나 아우가 자른 머리가 더 고급이었다. 형은 아우에게 좀 나눠달라고 했는데, 아우는 처음에 듣지 않다가 나중에 형이 멜대 만드는 법을 알려주는 것을 교환조건으로 하여 승낙하였다. 귀가 후 아우는 어머니에게 이 일을 알렸다. 어머니는 마자우를 책망하였다. 그리고 나서 그들은 함께 그 머리들에 제사를 지냈다.

… (중략) …

마자우와 오낙은 결국 타팔롱(Tafalong 또는 Afalong)의 인두제의 기원 전설이 되었다.

여기에서 아버지는 이 부족의 문화(제사법과 설 쇠기 방법)를 창시한 중요

37 小川尚義·淺井惠倫 著, 余萬居 譯,『原語によゐ台灣高砂族傳說集』, 1935.를 內政部委託台灣大學人類學系研究,『台灣山胞各族傳統神話故事與傳說文獻編纂研究』, 1994.4.30.에서 재인용.

인물이다. 그리고 마실 물이 흐려지는 것은 공동체의 생존을 위협하는 중대한 위기이다. 이를 해결하기 위해 아버지는 스스로를 희생하기로 결심한다. 그것도 자신의 육친인 두 아들에 의해 행해지는 폭력으로 희생된다. 그렇게 하여 두 아들로 하여금 부친살해라는 원초적 죄를 짓게 만든다. 그리고 이 큰 죄를 씻는 것은 또 다른 큰 폭력이다. 이들은 다른 부족 사람들의 많은 머리를 사냥하고, 그 머리들에 제사를 지내는 방식으로 속죄한다. 할머니와 마찬가지로 부친 역시 폭력을 행하는 이들에게는 생명의 근원이자 가장 소중한 존재이다. 뒤에서 다시 논하겠지만 육친의 희생은 머리사냥이라는 것이 가장 큰 생명력과 희생이라는 주제를 담고 있음을 보여주는 예이다.

4. 희생의 결과

머리사냥의 희생이 어떤 결과를 낳았는지를 살펴보면, 상당히 당혹스러운 대목이 많다. 이들은 사람 머리를 사냥하여 높이 꽂아놓고 '즐거워하며'([쩌우-1], [쩌우-3]), 그것을 둘러싸고 노래하고 춤추니 '재미있었고'([루카이-1]), 사람 머리를 가운데 놓으니 그것은 무엇보다 '근사해 보인다.'([파이완-2]). 마치 원주민들이 위악적 폭력을 매우 즐기는 듯한 이 대목을 과연 어떻게 이해해야 할까? 물론 여기에는 인간 내면의 폭력성이라는 측면이 있을 것이다. 하지만 '폭력성'의 발현이라는 말로는 더 이상의 이해가 차단된다. 사실상 이 즐거움은 제의나 축제과정에서의 열광이나 흥분이라는 맥락에서 보아야 보다 유의미하고 입체적인 이해가 가능할 것이다. 그것은 인간 희생이라는 가장 큰 폭력이 불러온 흥분이며, 그 완성된 강렬함, 그 가장 강력한 '문화'[38]의 파괴가 이 행위를

38 앞서 언급한 것처럼 종교 발전의 역사에서 희생양은 일반적으로 인간 희생에서 동물 희생으로, 후에는 상징물로 대체되는 식으로 순화되어왔다고 여겨진다. 하지만 타이완 원주민의 머리사냥 유래 신화에서는 이와 반대로 희생물이 곤충이나 짐승에서 인간으로 옮겨간다. 레비-스트로스의 표현을 빌자면 야생에

의례화 하도록 만들기 때문이다. 그래서 그들은 이 머리를 둘러싸고 춤추고 노래 부르며, 이 노래는 [쩌우-2]에서 말하듯 신에게 바치는 노래이다.

물론 이 강렬한 희생과, 생명의 포기는 곡식의 풍작([아미스-1])을 가져오기도 하고, 다음의 신화에서처럼 홍수를 물리치고, 날씨를 정상화하고, 사냥감이나 식량자원의 풍요를 가져오기도 한다.

[쩌우-3]

아주 오랜 옛날, 천신이 산 정상에 강림하여 인류를 창조한 후, 자손들이 번성하여 식량을 찾아 각지로 흩어져 살게 되었다. 홍수가 범람하자 사람들은 다시 옥산 꼭대기로 돌아와 짐승들을 잡아 식량으로 삼았다.

하루는 그들이 개를 한 마리 죽여 그 머리를 대나무에 끼워 땅에 꽂아놓고 천신에게 제사를 지냈는데, 그렇게 하니 홍수가 줄어들었다. 그러자 사람들은 원숭이 머리로 제사를 지냈는데, 이번엔 홍수가 완전히 물러났다.

사람의 머리로 하면 효과가 더 좋을 거라고 생각하고, 사람들은 사(社) 중의 한 못된 아이를 죽여 그 머리로 하늘에 제사를 지내자 바람과 비가 딱 알맞게 날이 좋아지고, 야생동식물도 더욱 많아졌다.

이로부터 사람들은 머리사냥을 위해 살인을 하여 머리로 천신에게 제사를 지내고 평안을 기구하게 되었다.

홍수가 물러나고, 날씨가 좋아지고, 야생동식물이 풍성해지는 것은 모두 인간의 생존을 위협하던 상황이 해결되고 세계가 다시금 생명력을 되찾는 결과라고 할 수 있다. 이것은 죽음을 담보로 하는 세계의 갱신이라는 머리사냥의 주제

서 문명으로, 자연에서 문화로의 이동이라고 할 수 있다. 즉 이 맥락에서는 '인간'이라는 희생물이 가장 문화에 가까운 희생물이라는 의미에서 '문화'라는 표현을 사용하였다.

를 향해 한 걸음 더 나아간다.

5. 인류의 탄생지와 죽은 자의 머리

지금까지 살펴본 것처럼 타이완 원주민들의 머리사냥 신화의 내적 메카니즘은, 인간의 생명을 희생하고 그 생명력의 정수인 머리를 신에게 바침으로써 세계를 소생시키고 인간의 생존을 보장하는 것이라고 할 수 있다. 이것은 이들의 첫 번째 폭력이 행해진 장소나, 머리사냥 제의를 행한 장소와도 깊은 관련이 있다.

[아타얄-2]

아득한 옛날, 인카호란(inkaholan) 땅에 커다란 바위가 있었는데, 그 바위가 무너지더니 한 여인이 걸어 나왔다. 하루는 그 여인이 산위에 올라 어떤 바위 위에 앉아 두 다리를 벌렸는데 한 줄기 바람이 불어 그의 음부로 들어가더니 그 배가 점차 부풀어 오르고 결국 사내아이를 낳았다. 나중에 인구가 점차 늘어나자 사람들이 둘로 나뉘어 한 무리는 계속 산속에 머물고, 다른 무리는 산을 내려가 평지에서 살았다. 두 무리의 사람들이 작별인사를 하며 말하길, 훗날 서로 간에 논쟁이 생겼을 때 새소리를 들으면 머리를 사냥할 수 있으며, 설사 머리를 잘리더라도 원망을 할 수 없다고 하였다. 이것이 바로 머리사냥의 근거이다.[39]

아타얄족의 이 신화에서는 시조모 격의 여인이 산 위의 큰 바위에서 나와 바람에 감응하여 사내아이를 낳았고, 이후 인구가 점차 늘어난다. 인구가 늘어나 결국 민족이 분리되고, 그 과정에서 머리사냥이 유래했다는 기본적 구조는 [아

39 達西烏拉彎·畢馬(田哲益),『泰雅族神話與傳說』, 366쪽.

타얄-1]과 동일하다. 또한 머리사냥은 그들 간에 논쟁이 생겼을 때, 그 다툼이 더 큰 폭력으로 번져가지 않도록 그 갈등을 해결해줄 수 있는 방법이 된다. 새소리는 머리를 사냥해도 좋다는 신령의 메시지이고, 머리 사냥에 성공하는 것 역시 신의 뜻이므로 그에 대해 원망을 하거나 더 이상의 폭력으로 번져가서는 안 된다. 결국 머리사냥은 공동체의 생존을 위해 더 큰 폭력을 막기 위한 한 번의 폭력이었던 것이다.

한편 이와 유사한 아타얄족 머리사냥 신화의 또 다른 판본에서도 그들 민족의 기원으로부터 머리사냥에 이르기까지의 과정이 제시된다. 흥미로운 점은 그 기원이 모두 산꼭대기에 있는 큰 바위로 이야기된다는 점이다. 예를 들어『타이완의 번족(台灣の蕃族)』(藤崎濟之助 著, 1930)에 기록된 신화를 보면, 아득한 옛날 시시 레쿠(shishi leku)라는 새가 난후다산(南湖大山) 바푼코-로(bapunko-lo)에 있는 커다란 바위를 가볍게 물속에 밀어 넣는다. 물에 빠진 큰 바위가 갈라지더니 그 안에서 남녀 한 쌍(혹은 두 쌍)이 나와 아타얄족의 조상이 되었다. 이후 사람들은 시시 레쿠를 신성한 새로 여기고 숭배하였다.

[아타얄-3]

두 사람은 자손을 번성시켜 나날이 늘어났다. 그 중 일부는 난후다산(南湖大山) 콧코추(kotkotsu)로 이주하였고, 일부는 다바젠산(大霸尖山)[40] 팍파쿠와-카(pakapakuwa-ka)로 갔으며, 일부는 평지의 시터우(溪頭)로 이주하였다. 평지에 살게 된 사람들이 종종 거짓된 행동을 하였기 때문에 우리 민족은 복수하기 위하여 머리사냥을 시작했다. 조상인 안모(Anmo)는 찐 조와 고구마를 섞어 군량을 만들어 쑤아오(蘇澳)에서 적과 무기를 들고 싸웠고 결국 개선하여 수많은 수

40 大霸尖山은 아타얄족의 세 종류의 발상지 중 하나로 여겨지며, 아타얄어로 'Papa-Waqa'라고 한다. 大漢溪와 大安溪의 분수령으로서, 정상에는 귀처럼 생긴 기이한 큰 바위가 솟아있다.

급(首級)을 가지고 돌아왔다.[41]

이 신화에서는 인구가 늘어나고, 민족이 각지로 분리되는 과정이 드러난다. 하지만 여기에서는 인구를 나누는 과정에서의 기만이나 갈등은 전혀 언급되지 않고, 다만 평지 사람들이 "거짓된 행동을 하여", 그 복수로 머리사냥이 시작되었다고 설명한다.

쩌우족의 신화에서도 천신이 이들의 머리사냥이 시작된 옥산(玉山) 정상에 내려와 인류를 창조했다고 한다.

[쩌우-4]

옛날 옛적에 천신 '하모(hamo)'가 옥산 꼭대기에 내려와 인류의 조상을 만든 후, 자손들이 번성하여 각지로 식량을 찾아 흩어졌다.

어느 날 갑자기 홍수가 범람하여 평원이 전부 물에 잠겼다. 사방팔방에서 사람들이 옥산 정상으로 물을 피해 몰려들었다.

그때 인류의 조상들은 아직 농사짓는 방법을 몰랐고, 야생식물을 채집하거나 야생동물을 사냥해 먹으며 지내고 있었다.

어느 날 그들이 개 한 마리를 죽여 개의 머리를 대나무에 끼워 땅에 꽂아두자 모두들 그걸 보고 매우 좋아했다. 누군가 원숭이 머리로 바꾸면 더 보기 좋겠다고 말했다. 그러자 원숭이를 잡아 개머리와 바꾸자 확실히 훨씬 보기 좋았다. 하지만 또 다른 사람이 사람 머리로 바꾸면 더 멋지겠다고 말했다. 그리하여 사람들이 다 미워하는 말썽쟁이를 죽여 그 머리를 원숭이 머리와 바꿔 놓자 모두들 매우 기뻐하였다. 이후로 사람들은 머리사냥을 즐기게 되었다.

---

41 위의 책, 365쪽.

[쩌우-5]

아주 오랜 옛날 하모(hamo)라는 신이 옥산에서 인간을 창조하였다. 인구가 늘어나자 점차 떠나갔다. 나중에 홍수가 범람하자 사람들은 동물들을 따라 다시 옥산 위로 올라왔다.

당시에는 먹을 수 있는 곡식이 없어 동물을 잡아먹었는데, 한 번은 사람들이 개 머리를 대나무에 꽂아 땅에 세워두자 많은 사람들이 재미있다고 여겼다. 나중에 원숭이 머리나 사람 머리로도 하게 되었다.

머지않아 홍수가 물러가고 사람들은 산 아래로 흩어졌는데, 이후 그들을 침범하는 사람들을 만나면 그 머리를 잘랐으니, 이것이 머리사냥의 기원이다.[42]

위에서 보는 것처럼 쩌우족에게 옥산은 인류가 태어난 곳이자, 인류가 생존의 위협(홍수)에 처했을 때 피신하여 생존을 이어갈 수 있는 곳이며, 다름 아닌 머리사냥이 기원한 곳이다. 이렇게 타이완 원주민족 중 산지민족에게 산꼭대기는 그들의 생명이 시작된 곳이고, 그들의 생존을 보장해 줄 죽음의 의례, 즉 머리사냥이 시작된 곳이다. 따라서 부족에 따라 인두제(人頭祭)를 지낼 때는 마을 사람들이 큰 바위가 있는 산 위로 이동하기도 한 것으로 보인다.

부눈족의 한 아름다운 부인이 밭에서 일하다가 다른 부족의 침입을 받았는데, 이 여인의 미모 때문에 그들은 그의 머리를 자르지 않고 납치해 간다. 그 부인은 이미 임신 중이었는데, 산 몇 개를 넘어 이 침입자의 마을로 끌려가 그곳 두목과 강제로 결혼하게 된다. 그리하여 결국 얼마 후에 아들을 낳았고, 두목과의 사이에서도 또 다른 아들을 낳았는데, 두목은 그 큰 아들에게 매우 가혹하게 대한다. 그렇게 십여 년이 지나자, 부눈족 여인은 큰 아들에게 그간의 사실을 알려준다. 이들은 이곳을 도망쳐 자신들의 고향으로 돌아가기로 결심하는데, 이

42 達西烏拉彎·畢馬(田哲益),『鄒族神話與傳說』, 316-317쪽.

때 어머니가 도망칠 수 있는 때가 언제인지를 알려주면서 이렇게 말한다.

> "한 번의 기회가 있다. 원래 이 부족사람들은 매년 한 번 제례를 지내는데, 너의 양아버지가 두목이어서 때가 되면 그는 부족 사람들을 데리고 커다란 바위가 있는 산 위로 가서 태양(또는 달)과 인두(人頭)에 제사지내는 의식을 치른다. 이 의식은 길게는 하루 종일 걸리니, 제례가 거행되는 날 우리는 이곳에서 달아날 수 있겠다."[43]

이처럼 머리사냥과 그에 따른 인두제는 주기적인 의례였다. 그들은 누군가를 죽여 그 생명의 정수를 자신들에게 생을 부여한 신에게 바침으로써, 그 죽음을 담보로 세계의 생명력을 갱신하고 자신들의 생존을 보장받았다. 인두제가 열리는 그 장소에서, 머리가 놓인 그 장소에서 인간은 죽음을 통해 신과 만나고 있었던 것이다.

Ⅳ. 맺음말

> 청동기시대 이래 그리스 로마 사회가 무덤에 산 제물의 피를 드리고 땅 위에 술을 부어가며 치른 의식의 절정은 인간을 제물로 바치는 것이었다. …… 인간의 산목숨이라는 제물의 의미는 실로 엄청나다. 제단 위의 산 목숨은 일체감을 고취하며 결속을 다지는 최고의 수단이다. 한 사회가 중대한 위기 국면에 처해 터질듯 한 공격성으로 들끓어오를 때, 산 제물은 르네 지라르가 말하듯 "공격성을 한곳으로 유도하고 몰아주면서", 발터 부르커르트의 말처럼 "폭발하기 일보 직

43 達西烏拉彎·畢馬(田哲益),『布農族神話與傳說』, 晨星出版, 臺中, 2003. 470-471쪽.

전의 사회"를 구출한다. 부르커르트의 지적은 계속된다. "공격성을 사회가 공동으로 풀어내게 되면 결속의 고리가 만들어지며, 카타르시스를 거친 폭력성은 파멸과 절멸의 나락으로 떨어지지 않는다.[44]

사회는 경험을 공유하면서 집단적 추억을 만들어낸다. 과거를 기억하면서 사회는 결속을 다진다. 신화가 자리하는 곳은 바로 그 회상에 있다. 레비-스트로스는『구조인류학』에서 "신화가 가진 내적인 가치는 어느 특정한 시점에 일어난 사건이 동시에 지속적인 구조를 형성한다는 점에서 찾을 수 있다."고 말했다. 여기에서 지속적 구조란 "과거와 현재 그리고 미래와 동시에 관계한다는 것"이다. 의례는 과거를 기억하는 결속의 자리이며, 현실을 그려내는 것이 아니라 현실을 만들어내는 자리이다.

우리는 남도어족에게 왜 머리사냥 습속이 생겼는지, 타이완 원주민들이 왜 하필 이렇게 잔혹하고 그로테스크한 방식으로 그들의 사회를 구출해왔는지 알 수 없다. 그것은 아마도 우연히 시작되고, 고착화되고, 확산되었을 것이다. 그 기억을 담고 있는 것은 신화이다. 신화는 그 우연한 사건을 신화의 언어로 기억하고, 구조를 통해 이 습속의 주제를 드러낸다. 그 심상한 말투에 우리는 두 번 놀라지만, 이들에게도 사람의 머리를 베는 행위에 참여하고 그것을 목격하고 기념한다는 것은 사실 심상한 일이 아니었다. 그것은 이들이 행하고 목격한 가장 큰 폭력이었고, 누군가의 생을 끝낸다는 그 심상치 않음에 이 폭력의 효과가 있었다. 누군가의 일상이 끝난 그 자리에 성스러움이 있었고, 죽음을 통해 인간은 자신과 이 세계를 낳아준 신과 만나고 세계의 생명력을 다시금 새롭게 한 것이다.

---

44 올라프 라더(Olaf B. Rader) 지음, 김희상 옮김,『사자와 권력(Grab und Herrschaft)』, 작가정신, 2004. 63쪽.

참고문헌

尹建中 編,『臺灣山胞各族傳統神話故事與傳說文獻編纂研究』, 臺北, 國立臺灣大學文學院人類學系印行, 1994. 4.
達西烏拉灣·畢馬(田哲益),『臺灣的原住民泰雅族』, 台北, 臺原出版社, 2001. 6.
達西烏拉彎·畢馬(田哲益),『泰雅族神話與傳說』, 晨星出版, 臺中, 2003.
達西烏拉彎·畢馬(田哲益),『阿美族神話與傳說』, 晨星出版, 臺中, 2003.
達西烏拉彎·畢馬(田哲益),『鄒族神話與傳說』, 晨星出版, 臺中, 2003.
達西烏拉彎·畢馬(田哲益),『卑南族神話與傳說』, 晨星出版, 臺中, 2003.
達西烏拉彎·畢馬(田哲益),『排灣族神話與傳說』, 晨星出版, 臺中, 2003.
達西烏拉彎·畢馬(田哲益),『布農族神話與傳說』, 晨星出版, 臺中, 2003.
達西烏拉彎·畢馬(田哲益),『魯凱族神話與傳說』, 晨星出版, 臺中, 2003.
田哲益,『泰雅族神話與傳說』, 台北, 晨星出版有限公司, 2002.
巴蘇亞·博伊哲努(浦忠成),『臺灣原住民族文學史綱(上)』, 臺北, 里仁書局, 2009.10.
王嵩山 著,『臺灣原住民—人族的文化旅程』, 臺北, 遠足文化, 2010.6.
王煒昶,『臺灣原住民族祭典的聖會』,「呼喚祖靈: 泰雅族祖靈祭」, 南天書局有限公司, 臺北, 2004. 10.
藤崎濟之助,『台灣の蕃族』, 國史刊行會, 東京, 1930.
廖守臣,「泰雅族的文火: 部落遷徙與拓展」, 世界新聞專科學校觀光宣導科, 1984. 3.
廖珮雯,「臺灣原住民族獵首習俗與傳說」, 國立中興大學碩士學位論文, 2010.
馬騰嶽,「從臺灣泰雅人的建構與分化看民族客觀論與主觀論之差異與發展」,『西南民族大學學報』(人文社會科學版), 2016. 第6期.
朱明診,「臺灣原住民泰雅族宗敎信仰探討」,『昆明理工大學學報』(社會科學版) 第7卷 第2期. 2007. 6.
何廷瑞,「泰雅族獵頭習俗之研究」,『國立臺灣大學文史哲學報』7:151-208, 國立臺灣大學文學院, 1956. 4.
余光弘,「獵頭與泰雅文化」,『北縣文化』54: 16-21, 臺北縣文化局, 1997.
李子賢,「佤族與東南亞“U”形古文化帶 - 以神話系統的比較爲切入點」,『思想戰線』, 2010. 第2期. 第36卷.
이인택,『타이완 원주민 신화의 이해』, 학고방, 2016.
김영신,『대만의 역사』, 지영사, 2001.
왕푸창(王甫昌) 지음, 지은주 옮김,『갈등의 정체성: 현대 대만사회의 에스닉 상상』, 나남, 2008.
피에르 클라스트르 지음, 변지현·이종영 옮김,『폭력의 고고학』, 울력, 2002.
르네 지라르 지음, 김진식 옮김,『희생양』, 민음사, 1998.
올라프 라더,『사자와 권력』, 작가정신, 2004.
양회석,「타이완 원주민의 설화 '머리사냥' 연구」,『中國人文科學』 제60집, 2015. 8.
공봉진,「대만 원주민족의 正名運動」,『中國學』 제28집, 2007. 8.
전광진,「타이완 원주민 언어에 대한 한글 서사법 개발 연구」,『中語中文學』 제45집, 2009.

12.
홍윤희,「중국 佤族의 머리사냥 의례와 그 신화적 의미」,『한중언어문화연구』 제42집, 2016.
홍윤희,「타이완 아타얄(Atayal)족 머리사냥 설화와 의례, 그리고 그 종결」,『중국어문학논집』 105호, 2017.
Janet Hoskins ed., *Headhunting and the Social Imagination in Southeast Asia*, Stanford university press, 1996.
Pu Zhong-yi, *From Formosa-the 16 indigenous tribes of Taiwan*, Taibei, Indigenous Peoples Cultural Development Center, Council of Indigenous Peoples, 2016. 4.
Scott Simon, Politics and Headhunting among the Formosan Sejiq: Ethnohistorical Perspectives, *Oceania;* Jul. 2012;82.
Robert McKinley, "Human and proud of it !: A structural treatment of headhunting rites and the social definition of enemies" *HAU: Journal of Ethnographic Theory* 5 (2). 2015.
原住民族委員會, http://www.apc.gov.tw

논평과 토론

「타이완 원주민의 머리사냥 신화를 통해 본 죽음과 세계의 갱신」

차혜원(연세대, 사학과)

이 글은 타이완 원주민족 사이에서 공유되던 머리사냥 습속에 대해 그 신화에 초점을 맞추어 분석한 연구이다. 저자는 머리사냥이 원주민 부족들 사이에서 연례적 종교의례의 일환으로 '신중하고 정중하게' 이루어졌던 사실에 주목하여 신화를 통해 이 습속이 기억되고 구조화되는 과정을 추적하였다. 기존 인류학 등에서 이루어진 연구들이 주로 머리사냥의 방식, 의례 절차, 목적 등에 초점을 맞춘 데 비해 저자는 부족 내부의 신화를 통해 이 행위를 총체적, 심층적으로 이해하고자 했다. 논고에서는 여러 부족의 머리사냥 신화에서 서로의 연결고리나 공통적 사유 특징을 발견해가는 방식을 구사하였다.

이러한 분석 방법은 중국신화 연구에서 이미 탄탄한 성과를 거둔 저자의 신화 이해와 문제의식이 바탕이 되어서 비로소 가능했다고 본다. 사실 인간을 사냥하고 참수하는 행위의 폭력성과 잔인함은 이 주제를 객관적으로 분석하는데 큰 장애가 되어 왔음에 분명하다. '야만적, 원시적 행위'를 담담하게 심상한 말투로 전달하는 머리사냥 신화를 분석하는 것도 마찬가지일 터이다. 그럼에도 저자는 머리사냥의 시작과 고착화, 확산 과정이 신화의 언어로 기억되고 신화의 구조를 통해 전승되었음을 사례연구를 통해 명쾌하게 부각시켰다.

저자의 신화 분석은 대단히 설득력이 있었고 제시된 몇 가지 결론들 역시 감명 깊었다. 먼저 머리 사냥이 자행된 배경에 대하여, “애초에 폭력이 발생하는 데에는 모종의 갈등이나 불균형, 결핍과 같은 발단이 있다. … 신화에서 그것은 홍수, 인구의 불균형, 부정한 관계, 귀신의 소동이나 흉작 등으로 표현된다”고 분석한 데 공감을 느낀다. 타이완 산지는 험난한 자연환경과 척박한 생산력으로 인해 인위적인 인구 제한이 불가피한 위기 상태가 장기적으로 지속되고 있었다. 18세기 중반에 이르기까지 폐쇄 상태에서 공동체를 꾸려 갔던 산지 부족들의 신화에는 생태환경의 영향이 뚜렷이 나타난 것으로 보인다. 한편 저자는 머리사냥 신화의 내적 메커니즘에 대해서, “인간의 생명을 희생하고 그 생명력의 정수인 머리를 신에게 바침으로써 세계를 소생시키고 인간의 생존을 보장하는 것”이라고 설명하였다. 머리사냥이 약탈이나 살육 자체가 목적이 아니라, 원주민들의 사회 문화적 에토스에 의한 의례적 폭력이라는 분석은 이 습속이 그토록 오랜 세월 유지된 사실을 이해하는 데 분명 큰 도움을 줄 수 있다고 본다.

토론자의 역할을 맡았지만 신화학 분야의 문외한인 본 필자가 이러한 전문적인 논고를 이해하고 비평하는 것은 분명 한계가 있을 터이다. 저자의 논지에 대부분 동의하면서, 다음의 두가지 궁금점을 제기하는 것으로 토론을 대신하고자 한다. 이 글에서는 ‘왜’ 하필 머리사냥인가 라는 물음에 대해서, “아마도 우연히 시작되고, 고착화되고, 확산되었다”고 설명하였다. 그런데 참수를 동반하는 의례 및 희생두골을 보존하는 습속은 타이완 산지 뿐만이 아니라 고대부터 20세기에 이르기까지 많은 문화권에서 발견된다. 타이완 원주민들이 자신들의 세계관을 바탕으로 한 신화로 머리사냥을 표현했듯이 같은 습속을 지닌 여타 문화권에서도 나름의 신화 혹은 설명방식을 가지고 있을 것으로 추정된다. 타이완 신화 속의 죽음과 세계는 유사한 머리사냥 습속들을 이해하는 데 어느 정도,

어떤 방식으로 기여할 수 있을까? 혹은 일정 부분 한계를 가지고 있는 것은 아닐까? 그리고 생태환경이 열악한 지역의 경우, 인신공양과 참수를 동반하는 의례는 대부분 사체훼손과 식육을 동반한다는 사실이 많은 연구에서 밝혀지고 있다. 타이완의 경우, 그러한 요소는 개입되지 않았을까. 저자의 후속 연구들을 기대한다.

죽음으로 망가지고 문학으로 되살리다
- T. S. 엘리엇과 단테

윤혜준(연세대, 영어영문학과)

I. 엘리엇의 단테

이탈리아의 대문호 단테 알리기에리(Dante Alighieri, 1265-1321)는 사후 세계의 세 영역, 지옥, 연옥, 천국을 여행하는 순례자의 모습에 자신을 투영하여 방대한 백과사전적인 서사시로『신성한 코메디아』(*Divina Commedia*, 1308-1320, 이하에서는『코메디아』)를 구성해 내었다.[1] 중세와 근세를 넘어 오늘날까지도 독보적인 업적으로 남아있는 단테의 이 파격적인 작업의 생명력은 20세기 영미모더니즘을 대표하는 시인 T. S. 엘리엇(Eliot, 1888-1965)의 작품 속에서 새삼 그 위력을 입증했다. 과감한 형식 실험을 통해 새로운 영시 작법을 선보인 엘리엇은 현대 작가의 창조성은 선배 작가들이 구축해 놓은 위대한 전통과의

---

1 『신성한 코메디아』(*Divina Commedia*)를 "神曲"으로 지칭하는 것은 온갖 귀신을 섬기는 일본인들의 극히 불미스런 번역이다. 이 작품은 귀신/신의 노래가 전혀 아니다. 단테는 자신의 작품을 그냥 "코메디아"라고 불렀고, 여기에 "신성한"의 칭호는 사후에 첨가되었다.

대화 속에서 구현되어야 한다고 보았다. 엘리엇에게 서구문학의 창조적 전통은 무엇보다도 단테가 대변한다. 단테의 시세계는 미국출신으로 영국에 귀화하고, 영미문학의 영역을 넘어 유럽문학을 지향했던 엘리엇에게 지속적인 영감의 원천이자 시작법의 교과서였다. 단테와 엘리엇을 잇는 끈이 언어와 혈통에서 오는 것이 아님은 쉽게 알 수 있다. 둘의 연결 고리는 다양한 층위에서 엘리엇이 구축해 내고 있지만, 이 글에서는 이 총서의 취지에 맞추어, '죽음'이라는 그야말로 모든 인간존재에게 예외 없이 부과된 인간조건의 보편성에서 출발한다. 이 죽음은 원론적인 차원에서 문학연구가 죽은 과거 대가들의 유산을 보존하고 다시 살아나게 하는 작업을 본업으로 삼는다는 의미에서, 즉 죽은 대가들이 남긴 고전의 살아있음을 음미하고 증언하는 것이 문학연구자의 사명이라는 의미에서의 보편성과 맞물려 있다. 동시에 보다 구체적인 차원에서 죽음은 엘리엇이 다시 되살리고자 하는 단테의 핵심적인 주제이기도 하다. 단테의『코메디아』는 주인공 순례자 단테를 제외하면 등장인물이 모두 죽은 사람들이다. 여정의 세 번째 단계인 천국에 이르면 죽음으로 신체가 빛으로 변화된 영광스런 영혼들을 만나지만, 여정의 첫 번째 단계인 지옥에 갇힌 인물들은 죽음으로 일그러진 몸과 영혼으로 영원한 고통을 받고 있고, 중간 단계인 연옥에서 만나는 인물들은 잘못된 습성이 배어있는 몸과 영혼을 고치려고 순화의 훈련을 받느라 몸들이 망가져 있다. 이렇듯 망가진 영혼들이 전해주는 이야기와 말들은 아직 살아있는 순례자 단테에게 전해지고, 작가 단테의 유려한 시적 기교를 통해 살아있는 독자들의 상상력 속에 각인된다.

엘리엇은 어린 시절, 마씨모 바치갈루포(Massimo Bacigalupo)가 지적하듯, 미국의 교양 있는 중산층 가정에 흔히 비치되어있던 문학전집「템플 클래식」(Temple Classics) 판본을 통해『코메디아』이탈리어-영어 대역본을 읽었다. 문학소년 시절부터 탐독하던 단테는 엘리엇이 하버드 대학교에 진학하니, 마침 그 당시 하버드에서는 조지 산타야나(George Santayana) 등의 탁월한 학자들이 한참 단테를 연구하고 강의하고 있었다. 단테를 좋아하던 엘리엇으로서는 매우 반가운 일이었다.[2] 영국으로 건너가 왕성한 창작과 비평활동을 통해 모더니즘 문학운동의 기수로서 우뚝 선 엘리엇은 어릴 적부터 들고 다녔던 이「템플 클래식」 판본을 손에서 놓지 않았다. 평론가 엘리엇은 20세기 영어권 독자들에게 단테에 대한 인식과 존경을 심어주는데 진력했다. 시인 엘리엇은 자신의 모더니즘 작품 속에 단테의 작품을 직·간접적으로 집어넣으므로, 도미닉 만가니엘로(Dominic Manganiello)의 말대로, "단테의 모더니티"를 강조하였다.[3] 그러나 단테와 엘리엇 사이는 600여년이라는 시대의 거리뿐만 아니라, 언어의 장벽이 가로막고 있다. 시대의 거리는 문학연구가 일반적으로 능히 건너뛰는 대상이지만, 언어의 장벽은 그렇게 쉽게 뛰어넘거나 철거할 수 없다. 언어와 민족의 경계를 넘어서려는 시도와 그럴 수 있다는 믿음은 '비교문학'이라는 기치에 담겨있다. '비교문학'은 민족주의와 국가 간(아니면 대학의 어문학과 간)의 경쟁 및 전쟁을 극복해보려는 국제성과 '세계성'(cosmopolitanism)을 지향한다. 학문으로서 '비교문학'이 태어나고 부상하던 시절에 이름을 날렸던 폴 방티겜(Paul Van Tieghem)이 1929년 논문, 「문학사에서의 영향과 동시성」("Influences et simultanéités en histoire littéraire")에서 주장한 바, 비교문학 또는 프랑스에서 동의어로 사용되는 "일반 문학"(littérature générale) 연구는 "근대 유럽 안에서 순환하는 문학 및 윤리, 정치, 종교 등의 흐름을 파악하는 데 기여"하고 "서로 유사한 정신의 상태를 입증하는" 역할을 한다는 말에 이러한 "세계성"의 의미가 잘 담겨있다.[4] 비교문학이 상이한 "근대 유럽"의 상이한 민

2 Massimo Bacigalupo, "Dante," *T. S. Eliot in Context*, ed. Jason Harding (Cambridge: Cambridge University Press, 2011) 181-82.

3 Dominic Manganiello, *T. S. Eliot and Dante* (Houndmills, Basingstoke: Macmillan, 1989) 3.

4 Paul Van Tieghem., "Influences et simultanéités en histoire littéraire," *Romanic Review* 20 (1929): 139.

족문학 사이의 "동시성"을 규명할 수 있다면 그 근거 및 전제는 근대유럽 문학이 공유하는 죽은 대가들의 자취일 것이다. 애초에 새로운 (예술적인) 창작 자체가 이들 죽은 대가들과의 동행을 배제한 채 이루어지기 어렵다. 엘리엇은 아마도 가장 잘 알려진 그의 평론인 「전통과 개인적 재능」("Tradition and the Individual Talent," 1919)에서 제대로 된 작가라면 "그의 작품에서 가장 최상의 그리고 가장 개성적인 부분들은 죽은 시인들, 그의 조상들이 그들의 불멸성을 가장 활기차게 행사하는 곳들"이라고 주장한다[5]. 시인 엘리엇 안에서 "불멸성을 ... 활기차게 행사하는" "조상"은 혈통이 다른 단테이다. 물론 뉴잉글랜드 명문가문 후손으로서 잉글랜드로 귀화한 엘리엇에게는 셰익스피어(Shakespeare)라는 근사한 조상이 있다. 그런데 엘리엇의 대표적인 셰익스피어론인 「햄릿」("Hamlet," 1919)과 「단테」("Dante," 1929)를 비교하면 후자가 전자를 분량에서나 내용에서나 훨씬 압도한다(후자가 약 8배에 이른다). 평가의 내용에서도 전자는 "셰익스피어가 자신에게는 과분한 문제에 도전했다"가 실패했다고 진단한 반면,[6] 단테는 엘리엇이 이미 「전통과 개인적 재능」에서 성숙한 '비개인적'(impersonal) 문학의 전범으로 인정한 바 있을 뿐더러,[7] 「단테」에서는 그를 "근대 언어로 쓴 시인 중에서 가장 보편적인," 즉 가장 언어와 문화적 국경에 얽매이지 않는 '비교문학적' 시인으로 평가한다.[8]

엘리엇의 시가 단테와 대화를 해온 여정은 시인으로서 그의 여정 전체와 그대로 겹친다. 첫 번째 시기는, 파격적인 형식실험을 선보이며 '황량한' 20세기 서구의 정신적 풍경을 잡아낸 『황무지』(*The Waste Land*, 1922)에서 정점에 이른다. 이 시기의 엘리엇 작품에는 『지옥』의 그림자가 짙게 드리워져 있다. 그러

---

5 T. S. Eliot, "Tradition and the Individual Talent," *Selected Essays* (London: Faber, 1932) 14.

6 Eliot, "Hamlet," *Selected Essays* 146.

7 Eliot, "Tradition and the Individual Talent," 18-19.

8 Eliot, "Dante," *Selected Essays* 238.

나 대중적으로 가장 잘 알려져 있고, 또한 학계에서도 가장 선호하는 이 첫 번째 엘리엇은 영국 성공회 신앙을 받아들인 기독교도 엘리엇이라는 두 번째 '버전'으로 대체된다. 『성회 수요일』(*Ash Wednesday*, 1930)이 대변하는 이 두 번째 단계는 단테의 『연옥』과의 깊은 사귐으로 점철된다. 엘리엇이 단테의 『천국』에 해당하는 세 번째 단계에까지 이르렀는가는 다소 논란의 여지가 있기에, 이 문제는 뒤에 다루기로 하겠다. 분명한 점은 엘리엇의 작품 세계 전반에 걸쳐 『천국』을 직·간접적으로 인용하거나 떠올리는 순간들은 『지옥』이나 『연옥』에 비해 매우 적다는 것이다. 본고에서 엘리엇에 등장하는 단테도 『지옥』과 『연옥』의 몇몇 장면 내지는 인물들에 초점을 맞출 것이다.

II. 개종 이전 엘리엇의 평론과 창작에서의 단테

단테 시대부터 오늘날에 이르기까지 많은 독자들에게 단테의 『코메디아』의 가장 인기 있는 칸티카(cantica)는 『지옥』(*Inferno*)일 것이다. 『지옥』은 묘사나 내러티브, 대사, 액션 등에 있어서 『연옥』(*Purgatorio*)과 『천국』(*Paradiso*)보다 훨씬 더 강렬하다. 엘리엇도 「전통과 개인적 재능」에서 단테의 성취를 대표하는 예로 든 대목들은 『지옥』 5곡 프란체스카 다 리미니(Francesca da Rimini), 15곡 브루네토 라티니(Brunetto Latini), 26곡 율리세(Ulisse, 오디세우스)이다. 이들은 단테 외에도 많은 독자들이 주목할 만한 『지옥』의 대표적인 에피소드 주인공들일 터인데, 엘리엇이 『황무지』에서 주석까지 달아 적시한 『지옥』 33곡, 우골리노 백작(Ugolino della Gherardesca)도 여기에 포함될만하다. 연민을 자극하거나 고통 속에서도 영웅적인 기품을 당당하게 보여주는 이들 지옥의 인물들은 분명히 멋져 보이긴 한다. 하지만 작품 내의 논리에 비춰보면, 이들은 고통이 영원히 반복되고 지속되는 지옥의 시간에 갇혀있다. 반면에 『연옥』에서 순례자 단테가 만나는 영혼들은 지옥의 형벌 못지않은 고통을 받고 있으나 이들은 이 벌을 달게 받으며 일정한 시간이 지나면 거기에서 벗어날 구원의 순간에 조금씩 다가간다. 엘리엇이 「단테」에서 지목한 『지옥』의 대표 인물들은 누구나 기억에 남을 법한 '스타'들이지만 『연옥』의 대표 인물들은 다소 뜻밖이다. 이 중에서 둘은 선배 시인들이다. 비르질리오(Virgilio, 베르길리우스)의 손에 이끌려 연옥으로 무사히 탈출한 후, 이곳에서 순례자 단테가 만나는 인물 중에는 21곡에 나오는 로마 시인 마르쿠스 스타티우스(Marcus Statius)가 있고 26곡에 나오는 프로방스어 시인 아르노 다니엘(Arnaut Daniel)이 있다. 엘리엇의 평론 「단테」에서는 이 두 인물과의 만남이 『연옥』을 대표하는 에피소드들이다. 『연옥』의 이 장면들은, 『지옥』의 첫 곡에서 선배 시인이자 안내자로 설정된 비르질리오와의 돈독한 우정과 함께, 단테가 선배시인들을 되살려내어 죽은 선배 작가들과 다시 대면하는 '비교문학적'인 상상을 극화한다.

그런데 이들보다 앞서서 「단테」에서 엘리엇이 상세히 인용하고 분석한 장면은 『연옥』 5곡의 부온콘테 다 몬테펠트로(Buonconte da Montefeltro)의 대사와 맨 마지막에 살짝 등장하는 피아(Pia)이다.[9] 기벨리노(Ghibellino, 황제파) 기사 부온콘테는 42행에 걸쳐 자신이 적의 칼을 맞아 피를 흘리다 목숨을 거둔 후 시체가 급류에 휩쓸려 떠내려간 처절한 이야기를 전해준다. 부온콘테는 마지막 순간에 다음과 같이 성모에게 도움을 요청하는 참회의 기도를 올린 덕에 지옥행을 면한다.

> 거기에서 나는 시선을 상실했고, 내 말은
> 마리아의 이름으로 끝났소, 또 거기서

9 Eliot, "Dante," 253-256. 엘리엇은 '라 피아'[La Pia]로 잘못 이해했다.

쓰러졌고 남은 것은 내 몸 뿐이었소.[10]

Quivi perdei la vista, e la parola
nel nome di Maria finì; e quivi
caddi e rimase la mia carne sola. (*Purgatorio* 5.100-102)

엘리엇의 「단테」에 인용되어 있는 대목은 여기서 끝나지만 원문은 계속 이어지어 그의 영혼을 데리러 온 악마가 영혼을 놓친 분풀이를 부온콘테의 시신에 해대는 내용을 상술한다. 위의 인용에 이어지는 시행은 다음과 같다.

나는 진실을 말하겠소, 또 그대는 전하시오 산 자들에게.
하느님의 천사가 나를 잡았소, 그러자 지옥에서 온 자는
소리치기를, "아니 하늘에서 온 당신이, 왜 빼앗는 거야?
당신 지금 이 자의 영원한 쪽을 가져가는 건가,
그까짓 눈물 한 방울 흘렸다고, 나한테서 가져가다니.
하지만 나는 그 다른 쪽을 달리 다룰 거야!"

Io dirò vero, e tu 'l ridì tra 'vivi:
l'angel di Dio mi prese, e quel d'inferno

10 이 글에 나오는 단테 인용은 옥스퍼드 대학출판부에서 나온 이-영 대역본을 참고로 필자가 번역한 것이다. *The Divine Comedy of Dante Alighieri*, vol. 1, *Inferno*, ed. and trans. Robert M. Durling, intro. and notes by Ronald L. Martinez and Robert M. Durling (Oxford: Oxford University Press, 1996); *The Divine Comedy of Dante Alighieri*, vol. 2, *Purgatorio*, ed. and trans. Robert M. Durling, intro. and notes by Ronald L. Martinez and Robert M. Durling (Oxford: Oxford University Press, 2003); *The Divine Comedy of Dante Alighieri*, vol. 3, *Paradiso*, ed. and trans. Robert M. Durling, intro. and notes by Robert M. Durling, Ronald L. Martinez (Oxford: Oxford University Press, 2011).

gridava: “O tu del ciel, perché mi privi?

Tu te ne porti di costui l’etterno

per una lagrimetta che ’l mi toglie:

ma io farò de l’altro altro governo!” (*Purgatorio* 5.103-108)

엘리엇의 「단테」는 신학적으로 매우 중요한 이 대목은 생략한 채, 서둘러 이 칸토의 마지막으로 이동한다. 평론가 엘리엇이 되살린 단테의 원문은 이렇듯 일정한 ‘망가짐’을 수반하고 있음을 보여준다. 시인 엘리엇이 단테를 그의 작품에 불러오는 모습에서도 그러한 ‘망가짐’은 마찬가지로 발견된다.

이 시기 엘리엇이 단테를 시에 등장시키는 방식도 유기적인 통합과는 다소 거리가 있다. 엘리엇은 「J. 앨프리드 프루프록의 사랑 노래」(“The Love Song of J. Alfred Prufrock”)의 발문으로 『지옥』 27곡의 한 대목을 갖다 쓰고 있다. 대사를 말하는 인물은 위에서 살펴본 부온콘테의 부친, 무사 겸 정치인인 귀도 다 몬테펠트로(Guido da Montafeltro)이다. 아들은 연옥으로 갔으나 아버지는 지옥의 불 속에 갇혀 있다. 그가 불 속에서 순례자 단테에게 전해주는 그의 파멸 이야기에 의하면, 그는 잘못된 삶을 정리하고 프란체스코 수도회에 입문하였으나 교황의 탈을 쓴 악마 보니파시오(Bonifacius) 8세의 야욕을 충족시키는 데 협조한 죄로 지옥에 떨어졌다. 지옥에서도 여전히 “infamia”(불명예)를 두려워하는 야심가가 자신의 “진실”(vero)을 토로하기 전 순례자 단테가 자기처럼 죽은 영혼이라고 (잘못) 믿고 안심하는 장면을 발문으로 엘리엇이 채택했다. 이러한 지옥에서의 목소리를 인용하며 출발한 프루프록의 독백은 현세 도시 중상층 사회를 배경으로 하고 있음에도 그 자체가 지옥의 풍경을 그리는 ‘노래’가 된다. 그런데 엘리엇은 단테 텍스트를 이탈리아 말 그대로, 아무런 설명도 없이, 발문에 실었다. 따라서 유식한 독자가 아니라면 발문과 본문의 상호텍스트성을 간파하기 어렵다. 미국출신 젊은 시인의 ‘문화자본’을 과시하는 효과를 내려는 의도가 눈에 띄긴 하지만, 엘리엇에게 단테가 초기부터 얼마나 중요한 전범인지를 고백하는 의미도 크다. 발문에서 본문으로 이어지는 이 시의 도입부는 다음과 같다.

혹시나 내가 내 대답을 듣는 자가
저 세상으로 되돌아가리라 믿었더라면
이 불길은 더 이상 요동치 않았을 것이나
허나 이제껏 이곳 수렁에서 되돌아가며
산 사람 누구도 없기에, 내 귀에 진실이 들린들
불명예 겁낼 일 없어, 그대에게 대답하자면—

우리 가보자 그러면, 너랑 나,
저녁이 하늘 등대고 펼쳐진 꼴이
마치 탁자 위 에테르에 마취돼 누운 환자 같은 그때에.
우리 가보자, 가는 길은 어디 인적 반쯤 끊긴 거리 지나
투덜대는 쉼터들이며
안절부절 밤 지새는 싸구려 1박 여관들
또 톱밥 깔은 음식점 굴 껍질 데굴대는 데로,
길거리가 마치 지긋지긋한 논리처럼 쫓아와선
의뭉스런 의도에서
슬그머니 이끌고 간 지점은 하나의 엄청난 질문...
아, 묻지 말라, "그게 뭐지?"라고,
우리 가보자 또 들어가 보자.

방에서 여인들은 왔다 갔다

하는 얘기 화제는 미켈란젤로[11]

S'io credesse che mia risposta fosse
a persona che mai tornasse al mondo,
questa fiamma staria senza più scosse.
Ma per ciò che giammai di questo fondo
non torno vivo alcun, s'i'odo il vero,
senza tema d'infamia ti rispondo.

Let us go then, you and I,
When the evening is spread out against the sky
Like a patient etherized upon a table;
Let us go, through certain half-deserted streets,
The muttering retreats
Of restless nights in one-night cheap hotels
And sawdust restaurants with oyster-shells:
Streets that follow like a tedious argument
Of insidious intent
To lead you to an overwhelming question ...
Oh, do not ask, "What is it?"
Let us go and make our visit.

In the room the women come and go

---

11 엘리엇 시 원문 출처는 T. S. Eliot, *Complete Poems and Plays of T. S. Eliot* (London: Faber, 1969).

Talking of Michelangelo. ("The Love Song of J. Alfred Prufrock," Epigraph, l.1-14)

엘리엇이 인용한『지옥』27곡 61-66행에 대해서 먼저 지적할 바는 그의 인용이 단테의 원문과 표기의 차원에서 정확히 일치하지는 않는다는 점이다. 오늘날『코메디아』의 정본으로 모든 학자들이 인정하는 죠르죠 페트로키(Giorgio Petrocchi) 판본을 보면, 61행의 첫 부분 "S'io credesse"('내가 믿었더라면')는 "S'i' credesse"이어야 옳다. 또한 64행의 첫 부분 "*Ma per ciò che giammai"* ('하지만 이제껏 그런 사람은 결코 없었기에')은 "Ma però che già mai"가 옳은 형태이다. 페트로키 판본은 단테 사후 필사본 원고들을 대조하여 확립한 1990년대 출간된 책으로, 그때까지 알려진 변형들을 각주에 상세히 나열한다. 엘리엇이 인용한 형태의 표현의 출처는 이들 선례들에 등장하지 않는다.[12] 엘리엇도 의식하지 못한 것으로 보인 원문의 변형이 시사하듯, 이 시에 도입된 단테는 어딘가 어설프다. 내용상에서도 단테의 귀도 다 몬테펠트로가 프루프록과 연관될 여지는 별로 없어 보인다. 단테 시의 음악성과는 전혀 다른 영시의 음악성을 맘껏 구사한 이 시는(위의 번역에서 그러한 음악성을 최대한 부각시키려 시도했다) 그 자체로서 뛰어난 작품임이 분명하지만, 욕망 실현은 고사하고 애초에 욕망하기조차 주저하는 시의 화자 프루프록은 살아 있을 때 무사로서, 정치인으로서, 심지어 종교인으로서까지 화려한 경력을 자랑하는, 따라서 명예에 대해 유달리 민감한 귀도와는 극단적으로 다른 나약함이 특징이다. 그러한 괴리와 거리가 모더니즘 미학과 세계관을 잘 표현해주기는 하겠지만, 단테를 읽던 눈으로 엘리엇의「프루프록의 연가」를 감상할 때 귀도 다 몬테펠트로의 발언을 따

12 Dante Alighieri, *La Commedia secondo l'antica vulgata*, vol. 2, *Inferno*, ed. Giorgio Petrocchi (Firenze: Casa Editrice Le Lettere, 1994).

온 발문은 두 작품 간의 유사점보다는 차이점을 더 많이 부각시키고 있다. 발언의 형식에 있어서도 차이가 있다. 만가니엘로가 지적하듯이, 단테의 귀도는 순례자 단테에게 자신이 왜 지옥에 오게 되었는지 그 정황을 밝혀주고 있는 반면, 프루프록은 자신과의 대화, 즉 독백을 하고 있다. 이러한 차이에도 불구하고 엘리엇은 프루프록의 고민과 무기력을, 비록 그것이 뜨거운 불 속에서 영원히 고통 받고 있는 귀도의 실체적인 지옥은 아니지만, 일종의 "정신적인 지옥"으로 봐 주길 바란다.[13]

이렇듯 독자에게 단테와 비교해 달라는 '힌트'를 주며 특정 방향의 독서를 요청(내지는 강요)하는 인유와 인용은 '1단계 엘리엇'이 단테를 만나고 이용하는 방식의 특징을 이룬다. 많은 이들이 '엘리엇' 하면 떠올리는『황무지』[14]의 1부,「죽은 자의 장례」("The Burial of the Dead")의 마지막 문단은 다음과 같이 시작한다.

---

13 Manganiello, *T. S. Eliot and Dante*, 19.

14 "The Waste Land"를 "황무지"로 옮긴 것도 필자는 받아들일 수 없으나 워낙 이 이름이 공고히 정착되어 있기에 그대로 쓰기는 하겠다. "황무지"는 일본어 번역본의 "荒地"를 따른 것으로 추정된다. 그런데 우리말의 '황무지'는 '개간하지 않은 땅'이라는 농업적인 의미가 강한 표현이다. 반면에 이 시는 도시 특히 런던이 주된 배경이다. 엘리엇이 애초에 구상한 제목인 "He do the Police in Different Voices"는 런던 소설가 찰스 디킨스(Charles Dickens)의 마지막 런던 소설인『공통 지인』(*Our Mutual Friend*)에서 따온 인용이다. 이 시는 '황무지'의 농업적인 연상과는 맞지 않는다. 더욱이 영어의 "waste"는 '폐기물', '쓰레기'가 그 주된 의미이다. "The Waste Land"가 단순히 '죽은 땅'이기도 하지만 '폐기물로 가득한 땅'을 뜻함을 시인은 온갖 목소리와 텍스트들의 파편/찌꺼기들의 몽타주로 이 작품을 구성하므로 분명히 드러내주고 있다. 아울러 1부 20행에서 "쓰레기더미"(rubbish)가 언급되고, 3부「불의 설교」177-180행에서 템스 강의 쓰레기를 직접 묘사하고 있고("The river bears no empty bottles, sandwich papers, / Silk hankerchiefs, cardboard boxes, cigarette ends / Or other testimony of summer nights"), 작품 끝에서 세 번째 행, "These fragments I have shored against my ruins"에서 '아무것도 없는 황량한 땅'이 아니라 '문명의 파편들이 쓰레기더미처럼 굴러다니는 땅'이 "waste land"임을 밝힌다. 필자는『쓰레기 땅』으로 *The Waste Land*를 재번역한 바 있으나 원작의 판권을 거머쥔 모 출판사가 제동을 거는 통에 아직은 발표하지 못하고 있다.

헛것 시티,[15]

겨울 여명의 누런 안개 밑으로

한 무리가 런던브릿지에 흘러넘친다, 그토록 많이,

나는 설마 죽음이 망친 자가 그토록 많을 줄

생각지 못했다, 한숨소리, 짧게 간간이, 내쉬었고,

또 각자 눈길을 발 앞에 고정했다.

흘러넘친다 킹윌리엄스트릿 오르막 내리막길로,

세인매리울노스까지, 시간 재는 종소리

죽은 소리로 마지막 아홉 번째 울린다.

Unreal City,

Under the brown fog of a winter dawn,

A crowd flowed over London Bridge, so many,

I had not thought death had undone so many.

Sighs, short and infrequent, were exhaled,

And each man fixed his eyes down King William Street,

To where Saint Mary Woolnorth kept the hours

With a dead sound on the final stroke of nine. ("The Burial of the Dead", T*he*

---

15 "헛것 시티"의 원문은 "Unreal City." 엘리엇 시에서 대문자로 시작하는 "City"는 런던의 금융가 시티(City of London)를 지칭하는 것으로 봐야한다. 엘리엇은 이 시를 쓸 당시 및 한참 후까지도 로이드(Lloyd's) 은행에 직원으로 일하며 시티로 출근했다. 이어지는 대목에서 시티의 구체적인 지명들이 대거 등장한다. 물론 이 말은 일반적인 '도시'란 의미이기도하기에 이중의 의미가 만들어지지만, 이를 '도시'로 옮긴 기존 번역자들은 이 시의 구체적인 공간성을 간과했다. 우리말의 '시티'는 이미 널리 쓰이는 외래어이니, 그대로 '시티'로 번역했다. 앞의 "Unreal"을 기존의 번역은 길게 풀어서 설명은 한 바 있으나 한 마디로 잡아내지는 못하였다. 엘리엇의 주석에서 안내한 대로, 샤를 보들레르(Charles Baudelaire)의「일곱 명의 늙은 남자들」("Les Sept Vieillards")이 그 출처이다. 부랑자 노인 하나가 갑자기 일곱 명으로 복제되는 으스스한 환상을 다룬 보들레르의 시의 분위기와 내용을 감안할 때, '헛것'으로 옮기는 게 적절하리라 판단했다.

Waste Land, l.60-68)

엘리엇은 작품 뒤에 단 주석에서 이 대목의 두 군데를 단테의 『지옥』에 연결하고 있다. 첫째는 63행, "I had not thought death had undone so many"("나는 설마 죽음이 망친 자가 그토록 많을 줄 생각 못했다")인데 죽음으로 망가져(disfatta) 지옥행 나룻배를 기다리는 영혼들이 그토록 많을 줄 몰랐다는 단테의 시행을 엘리엇은 거의 그대로 번역하여 자신의 시에 삽입했다. 혹시 독자가 이 상호텍스트적 의미를 놓쳤을까봐, 엘리엇은 주석에서 단테의 『지옥』 3곡 55-57행을 언급하고 있는 것임을 기억하라고 당부한다.

Cf. *Inferno* III, 55-57:

si lunga tratta
di gente, ch'io non averei creduto
che morte tanta n'avesse disfatta. ("Notes on the Waste Land," pp.76-77)

이 주석에서 제공한 출처 인용은 원문과 거의 일치하지만 페트로키 정본과 두 군데 차이가 나는데 이중 하나는 결정적인 오식이다.

그 뒤로 오는 것이 어찌나 긴 줄로 이어진
사람들인지, 나는 믿지 못했을 법하다
죽음이 그토록 많은 자들을 망쳐놓았으리라고는

e dietro le venìa sì lunga tratta
di gente, ch'i' non averei creduto
che morte tanta n'avesse disfatta. (*Inferno* 3.55-57)

엘리엇이 인용한 55행의 “si”가 그 형태대로는 ‘그렇다’는 말이 되기에, 강조의 부사어로 기능하려면 “sì”로 표기되어야 한다. 이를 정확히 표기하지 않으므로 의미상의 심각한 왜곡이 생겼다. 두 번째 주석은 64행, “Sighs, short and infrequent, were exhaled”(“한숨소리, 짧게 간간이, 내쉬었고”)에 대한 것으로, 이 시행 역시 단테의『지옥』이 출처임을 다음과 같이 명시한다.

Cf. *Inferno* IV, 25-27:

Quivi, secondo che per ascolatre,
non avea piante mai che di sospiri
che l'aura eterna facevan tremare. (“Notes on the Waste Land,” p.77)

각주는 아직까지『지옥』4곡 25-27행에서 ‘림보’(Limbo)에 갇힌 고매한, 그러나 그리스도를 몰랐기에 불가피하게 구원받을 수 없었던 그리스, 로마의 성현들의 한숨소리를 떠올린다. 순례자 단테를 안내하는 비르질리오의 거처도 이곳 림보이다. 엘리엇은 단테의 원문을 인용하고 있으나 역시 부정확하다. 아래 인용에서 밑줄 친 부분들이 문제가 된다.

여기서, 들릴 수 있는 한,
탄식 소리 딱히 없고 한숨소리만
영원한 공기를 부르르 떨게 했다

Quivi, secondo che per ascoltare
non avea pianto mai che di sospiri
che l'aura etterna facevan tremare; (*Inferno* 4.25-27)

이 오식들은 필사본 이본들에서 발견되지 않는 것들로, 엘리엇의 실수로 봐야할 것인데, 특히 '듣다'는 동사 "ascoltare"를 "ascolatre"로 표기한 것은 심각한 오류에 해당된다.

『황무지』 1부에서 『지옥』의 앞쪽 칸토들을 소환했던 반면, 5부 「천둥이 말한 바」("What the Thunder Said")에서는 『지옥』의 맨 끝, 즉 마지막 부분에 등장하는 우골리노의 끔찍한 목소리를 불러내고 있다. 『지옥』 33곡에서 순례자 단테와 비르질리오가 목도하는 광경은 뜨거운 불이 아니라 꽁꽁 얼어있는 얼음에 갇힌 채 한 영혼이 다른 영혼의 해골을 질근질근 씹어대는 모습이다. 이렇게 복수를 하는 자는 피사(Pisa)의 기벨리노 귀족 우골리노이고, 그에게 영원히 머리통을 씹히고 있는 자는 루지에리 델리 우발디니(Ruggieri degli Ubaldini) 대주교로, 후자는 우골리노를 유인하여 탑에 가둔 후 두 아들과 두 손자와 함께 굶겨 죽였다. 이 과정에서, 단테에 의하면, 우골리노는 본인도 굶어죽기 전에 먼저 죽은 자식들의 살을 먹는 식인의 죄를 저질렀다. 이 사실을 순례자 단테에게 공개하는 우골리노의 발언을 단테는 4행에서 75행에 걸쳐 장황하고 생생하게 극화하고 있다. 엘리엇의 시에서 우골리노의 참혹한 종말 및 그의 비인간적 타락은 다음과 같은 시행에 스며들어있다.

　나는 들었네 열쇠소리
문에 꽂아 한번 돌리고 단 한번만 돌리는 것을
우리는 열쇠를 생각해, 각자 자기 감옥에서
열쇠만 생각해

　... I have heard the key
Turn in the door once and turn once only
We think of the key, each in his prison

Thinking of the key.... ("What the Thunder Said," *The Waste Land* l.411-414)

엘리엇은 주석에서 411행의 출처로 단테의『지옥』33곡을 제시한다.

411. Cf. *Inferno*, XXXIII, 46:

'ed io senti chiavar l'uscio di sotto
all' orribile torre.'

다음과 같은 원문과 엘리엇의 인용은 큰 차이는 없다.

또 난 들었소 저 아래쪽 출입구에 못을 치는 것을
그 끔직한 탑의. 이에 난 바라보았소
내 자식들의 얼굴을 말 한 마디 하지 않고.

e io senti' chiavar l'uscio di sotto
a l'orribile torre, ond' io guardia
nel viso a' mie' figliuoi sanza far motto (*Inferno*, 33.46-48)

다만 엘리엇은 "열쇠"에 상징적인 의미를 부여했는데, 이는 "chiavare"를 "chiave"(열쇠)의 파생어로 해석했기 때문이다. 그러나 이 단어는 고어로서는 '못을 박다'라는 의미가 있고 후자로 해석해야 밑에서 소리가 위로 들린다는 설정에 더 맞는다.[16] 그러나 이러한 문헌학적 엄밀성의 잣대와는 별개의 차원에

16 페트로키는『지옥』33곡 46행에 대한 주석에서 이 점을 분명히 하고 있다. 물론 엘리엇이 단테를 읽었던 20세기 초까지만 해도, 이 말의 뜻을 대체로 '열쇠로 잠근다'로 이해했음도 밝히고 있다. *La Commedia secondo l'antica vulgata*, vol. 2, *Inferno*, 567.

서, 즉 하나의 시적인 '수사'의 차원에서 엘리엇은 자신의 작품을 단테의 『지옥』과 겹쳐서 읽도록 하는 효과를 본문 및 주석에서 충분히 성취하고 있다. 엘리엇이 구체적으로 출처를 밝힌 이 대목 뿐 아니라, 이 작품 전반적으로 이 "헛것 도시"의 암울한 분위기를 감안할 때, 엘리엇의 "황무지" 자체가 단테의 『지옥』 9편에서 등장하는 지옥을 구성하는 거대한 대도시 "디스"(Dis)를 연상시킨다는 한 평자의 지적도 있다.[17] 바로 그렇기에 1단계 엘리엇이 자신의 시 속에서 단테를 부각시킨 것은 분명히 단테에 대한 인지도를 높이는 데 기여한 것이긴 하나, 『황무지』가 차지하는 문학사상의 중요한 위치를 감안할 때, 단테에 대한 파편적인 인식, 즉 『지옥』의 시인으로서만 단테를 부각시키는 데도 기여한 점이 없지 않다. 주얼 스피어스 브루커(Jewel Spears Brooker)가 지적하듯 "『코메디아』가 『황무지』를 변형시켰다면 『황무지』도 『코메디아』을 변형시켰다"고 할 수 있다.[18]

물론 『황무지』에서 인용되는 단테가 『지옥』에만 국한된 것은 아니다. 단테의 『연옥』 5곡은 남성 무사 부온콘테의 피살과 죽음, 천사와 악마의 아슬아슬한 승패의 갈림 이야기로 끝날 법하지만, 칸토를 닫으며 단테가 독자에게 들려주는 것은 한 고요한 여성의 목소리이다.

> "아, 그대가 그 세상으로 되돌아가게 됐을 때
> 그래서 이 긴 길 끝에 쉼을 얻을 때,"
> 두 번째 다음에 세 번째 혼령이 말을 이었다.
> "나를 기억해주세요, 나는 피아랍니다;
> 시에나가 나를 만들었고, 마렘마가 나를 망가뜨렸어요.

17 Manganiello, *T. S. Eliot and Dante*, 48.

18 Jewel Spears Brooker, *Mastery and Escape: T. S. Eliot and the Dialectic of Modernism* (Amherst, MA: University of Massachusetts Press, 1994) 183.

그가 알아요, 혼인반지를 끼어준 그 이,

자기 보석을 주며 나와 결혼한 그 이.”

“Deh, quando tu sarai tornato al mondo

e riposato de la lunga via,”

seguitò 'l terzo spirito al secondo,

“ricorditi di me, che son la Pia:

Siena mi fé, disfecemi Maremma:

salsi colui che 'nnanellata pria

disposando m'avea con la sua gemma.” (135-36)

엘리엇의『황무지』3부,「불의 성교」(“The Fire Sermon”)에서 엘리엇은『황무지』에서 이 인용구의 한 행을 영어로 번역 및 번안하여 사용한 후, 주석에 원문과 출처를 밝히고 있다.

‘전차와 먼지투성이 나무들.

하이버리가 나를 낳았어요. 리치먼드와 큐는

나를 망가뜨렸지요. 리치몬드에 이르러 나는 내 두 무릎 들어 올렸지요

좁은 카누 바닥에 등대고 누운 채.’

‘Trams and dusty trees.

Highbury bore me. Richmond and Kew

Undid me. By Richmond I raised my knees

Supine on the floor of a narrow canoe.’ (*The Waste Land,* “The Fire Sermon,” l.292-295)

작품 뒤에 단 주석은 293행, “Highbury bore me. Richmond and Kew”가 단테『연옥』의 이 대목을 염두에 둔 것임을 강조한다.

> 293. Cf. *Purgatorio*, V.133:
>
> ‘Ricorditi di me, che son la Pia;
>
> ‘Siena mi fe’, disfecemi Maremma.’

이렇듯『황무지』의 “가장 개성적인 부분” 중 한 곳에서 살아 숨 쉬는 단테는 “불멸성”을 행사하고 있다. 그러나 단테의『연옥』은 ‘망가뜨려진’ 모습으로 엘리엇의 창작에 기여한다.『황무지』의 위 대목은 몸을 망친 여인의 독백이고, 이 점에서는『연옥』의 피아도 마찬가지이긴 하다. 엘리엇의 20세기 여인은 마치 자랑하듯 몸 망치던 순간의 자세까지 구체적으로 그려주고 있으나, 피아는 본인의 외도에 대한 보복으로 남편이 그녀를 죽였음을 간접적으로 언급할 따름이다. 거기에는 복수와 원한은 찾아볼 수 없다. ‘연옥’에서 구원을 기다리는 영혼의 심성에 어울리는 면모이다. 원문 시어들의 배치를 보면, 자신을 살해한 남편에 대한 원망보다는 오히려 행복한 결혼식을 회상하며, “innanellata,” “disposando,” “gemma” 등의 결혼식 관련 말들을 이어간다. 특히, 이 칸토의 마지막 3행의 각운은 “gemma”로 “Maremma”를 이어받아, 그녀가 죽은 장소의 부정성을 중화시키고 극복한다.『연옥』 5곡은 폭력적으로 살해당한 죄인들이 등장하지만 이들은 마지막 순간에 “참회하며 또한 용서하며”(pentendo e perdonando) 삶을 거두었기에 “하느님과 화해하고 삶을 떠난”(*Purgatorio* 5.55-56) 자들이다. 엘리엇의『황무지』에서『연옥』은 그러한 참회와 구원의 공식은 ‘망가뜨려진’ 모습으로 등장한다.

III. 개종 이후 엘리엇과 단테의 『연옥』

로널드 슈샤드(Ronald Schuchard)는 엘리엇이 문학 속의 공포를 자아내는 요소나 장면들에 유독 관심을 갖고 있었다는 증거로 『황무지』 마무리 부분에서 우골리노를 기억하는 이 대목을 들고 있다. 그러나 슈샤드는 연이어 엘리엇은 공포 그 자체에 탐닉하는 것이 아니라, 그것의 '순화적인,' 즉 '연옥적인' 측면을 강조하는 도덕적 관점을 견지했음도 인정한다.[19] 사실 단테의 연옥과 지옥은 그 고통의 정도나 강도만을 놓고 보면 큰 차이가 나지 않는다. 문제는 고통을 대하는 그들의 태도이다. 우골리노는 지옥에서 영원히 자신의 트라우마에 묶인 채, 자신의 원수 루지에로 대주교의 해골을 씹고 있을 뿐 아니라 자신의 고통을 되씹고 있다. 브루커는 우골리노를 "유아론"(唯我論)의 상징으로 해석하고 있으나,[20] 우골리노 외의 지옥의 모든 인물들은 자신들의 살아있을 적의 성격과 경험에 고정된 채 자아에 갇혀 있다. 반면에 연옥의 인물들은 고통을 받고 있기는 해도 천국으로 올라갈 희망 속에 살고 있다. 지옥의 시간은 끝없는 고통과 형벌의 반복이 그 본질일 뿐인 반면, 연옥의 시간은 매 시간이 구원의 순간을 향해 조금 더 가까이 다가가는 의미 있는 흐름과 발전이 그 특징이다. 연옥에서는 해가 뜨고 해가 지고 세월이 흘러간다. 연옥의 흘러가는 시간 속에서 영혼들은 조금씩 변한다. 연옥의 인물들은 이러한 변화의 과정 속에 놓여있기에 이들은 생전의 자신들의 모습과는 다른 모습으로 정화되고 변하기 위해 적극적으로 고통을 수용하며 자신들을 생전에 지배했던 욕망으로부터 자유로워지고자 노력한다. 사후세계를 다룬 단테의 작품에 영감을 받은 엘리엇의 문학세계는 아직 죽

---

19 Ronald Schuchard, *Eliot's Dark Angel: Intersections of Life and Art* (New York: Oxford University Press, 1999) 121, 127-28.

20 Brooker, *Mastery and Escape,* 204.

지 않은 사람들의 사는 세계에 머물고 있기에 완전한 ‘지옥’이나 ‘천국’보다는 단테의 ‘연옥’과 가장 유사한 지평에 놓여있다. 엘리엇은 1920년대 말에 이르면 성공회 신앙, 그것도 구교적인 요소를 적극 수용하는 ‘앵글로 가톨릭’(Anglo-Catholic) 신자로서 활동하고 글을 썼다. 그렇게 하므로, 엘리엇은 비록 종교개혁으로 단테의 세계와 구별되어 있기는 하지만 단테의 믿음과 세계관을, 개종 이전과는 다른 차원에서, 자신의 것으로 적극 수용할 수 있었다. 그러한 ‘전환’과 ‘개종’의 체험을 다룬『성회 수요일』은 여러모로 엘리엇 판 ‘연옥’이라고 할 만하다.

물론 단테의『코메디아』에서나 엘리엇의 시 세계에서나 지옥에서 연옥으로의 이행은 그리 순탄하지만은 않다.『황무지』다음에 나온 주요 작품『휑한 자들』(*The Hollow Men*, 1925)은 아무런 의미나 실체가 없는 유령 같은 존재들의 허무를 반복적이고 짧고 공허한 시어에 담고 있다. 온갖 화려한 색채로 눈부시게 빛나던『황무지』의 기교와는 전혀 다른 ‘창백한’ 흑백의 언어가『휑한 자들』의 주조를 이룬다. 이 시의 1부는 다음과 같이 시작한다.

우리는 휑한 자들
우리는 메꾼 자들
서로 기대어
머리통 가득채운 지푸라기. 저런!
우리의 마른 목소리, 서로
속삭일 때면
잠잠하고 별 뜻 없다
마른 풀 사이 바람처럼
혹은 깨진 유리 밟는 생쥐 발처럼
우리의 마른 지하창고에서

모양 없는 모습, 빛깔 없는 그늘,
마비된 동력, 동작 없는 몸짓,

We are the hollow men
We are the stuffed men
Leaning together
Headpiece filled with straw. Alas!
Our dried voices, when
We whisper together
Are quiet and meaningless
As wind in dry grass
Or rats' feet over broken glass
In our dry cellar

Shape without form, shade without colour,
Paralysed force, gesture without motion;

"모양 없는 모습, 빛깔 없는 그늘, / 마비된 동력, 동작 없는 몸짓"에서부터 이어지는 부분의 영감은 단테의 『지옥』에서 얻고 있다. 『황무지』 1부 "나는 설마 죽음이 망친 자가 그토록 많을 줄 / 생각지 못했다, 한숨소리, 짧게 간간이, 내쉬었고"(63-64행)의 출처로 제시한 『지옥』의 같은 칸토 같은 대목 바로 다음에 이어지는 시행들이 『휑한 자들』을 지탱하고 있다. 시인이 말 그대로 아직 『지옥』을 떠나지 못했음을 극명히 증언하고 있는 셈이다. 『지옥』 3곡 31-69행에는 너무나 비겁한 삶을 살아서 하느님도 하느님의 적도 모두 받아들이기 꺼리는 자들이 등장하는데, 이들은 지옥에 들어가지 못한 채 그 문 앞에서 파리와 벌떼에게 영원히 시달리고 있다. 이들은 "제대로 산 적이 없고"("che mai non fur vivi," 64행), 또 "죽을 희망도 없는"("non hanno speranza di morte," 46행) 자들이기에 "다른 운명들을 시기하며"("'nvidïosi son d'ogne altra sorte," 48행) 신음한다. 『지옥』 4곡부터 본격적으로 만나보게 되는 『지옥』 대표 인물들은 하나같이 생전의 극적인 사건들과 감정을 생생하게 기억하고 있다. 이들 틈에 비겁한 자들이 낄 수 없는 것은 당연하다. "제대로 산 적도 없고 ... 죽을 희망도 없는" 자들이 연옥은 고사하고 지옥에도 들어갈 수 없는 것이다.

그러나 지옥에서 우골리노처럼 자신의 트라우마와 원한에 갇혀 있는 것이 삶의 궁극적인 목표일 수는 없다. 그것은 아직 죽지 않은 사람들로서는 아무리 멋져 보이긴 해도 정작 본인은 피하고 싶은 형편일 것이다. 적어도 연옥으로는 가야 끔직한 반복의 무한성을 벗어나 변화와 전환, 구원의 시간 속으로 들어갈 수 있을 것 아닌가. 그렇다면 연옥에는 어떻게 들어가는가? 그 단서는, 다시 강조하자면, 죽음의 순간에 "참회하며 또한 용서"함에 있다. 그러한 심성을 토대로 연옥에서 정화의 불 속으로 들어갈 수 있다. 엘리엇의 마지막 장시인 『리틀 기딩』(*Little Gidding*) 4부에서 엘리엇의 다음과 같은 시행에는, 케네스 폴 크레이머(Kenneth Paul Kramer)가 지적하듯, 지옥의 불이냐 연옥의 불이냐를 선택하라는 강렬한 메시지가 담겨있다.[21]

> 단 한 번 사면으로 죄와 실수 벗어남은
> 단 한 가지 희망, 아니면 절망이
> 장작불이냐 장작불이냐 선택에 달려있어—

21 Kenneth Paul Kramer, *Redeeming Time: T. S. Eliot's "Four Quartets"* (Lanham, MD: Cowely Publications, 2007) 166.

불로 불에서 구원받으니.

The one discharge from sin and error.

The only hope, or else despair

Lies in the choice of pyre or pyre—

To be redeemed from fire by fire. (*Little Gidding*, 4.4-7)

단테의 연옥에서는 다양한 고통을 감내하는 영혼들이 나오지만 유독 엘리엇은 '불'에 매료되었음을 위의 인용이 시사한다. 이는 단테의『연옥』26곡에 나오는 프로방스의 시인 아르노 다니엘에 대한 엘리엇의 일관된 관심과 집착에서 비롯된 것이다. 아르노 다니엘의 영혼은 생전에 그의 육체가 지나치게 탐닉한 색욕을 불 속에서 정화하고 있다. 그러한 상태에서 아르노의 영혼은 순례자 단테에게 자신의 모국어인 프로방스 말로, "당신은 기억해주세요 때가 될 때 내 고난을"("sovenha vos a temps de ma dolor," *Purgatorio* 26.147)이라고 당부한다. 엘리엇은『황무지』5부 427행에서 다니엘의 이 당부에 이어지는, 마지막 행, "그리고 그는 이들을 정화하는 불 속으로 사라졌다"("Poi s'ascose nel foco che li affina," 428행)를 원문 그대로 삽입한 바 있다.『황무지』마지막 부분에서는 이렇듯 불을 통한 정화의 가능성을 열어두었으나 그 맥락이 '망가져있는' 파편이기에 그 효과를 제대로 내긴 어렵다.『성회 수요일』4부에서는『황무지』에 삽입한 시행보다 한 행 뒤로 가서, 다니엘 본인의 목소리를 아래와 같이 불러낸다.

걸어간 이 누구인가

각종 초록의 각양각색 등급 사이

흰색과 파랑색으로 가는 이, 마리아의 색으로

사소한 일들 이야기하며

영원한 고난에 무지하며 또 인지하며
걸어간 이 누구인가 다른 이들 걸어가는 가운데
누구인가 그래서 분수를 튼튼하게 또 샘물을 새롭게 하신 이가

메마른 반석 시원하게 또 모래를 든든하게 한 이가
파스텔 블루 파랑색, 마리아의 색으로,
소벤냐 보스

Who walked between
The various ranks of varied green
Going in white and blue, in Mary's colour,
Talking of trivial things
In ignorance and in knowledge of eternal dolour
Who moved among the others as they walked,
Who then made strong the fountains and made fresh the springs

Made cool the dry rock and made firm the sand
In blue of larkspur, blue of Mary's colour,
Sovegna vos (*Ash Wednesday* 4.1-11)

"소벤냐 보스"("Sovegna vos")는[22] 출처 시행의 뒷부분, "때가 될 때 내 고난

22 "소벤냐"의 표기를 페트로키는 "sovenha"로 정한 반면, 필사본들에는 "sovegna"로 표기한 경우가 많고 엘리엇이 갖고 있던 단테 판본에서도 이렇게 표기됐던 것으로 보인다. Dante Alighieri, *La Commedia secondo l'antica vulgata*, vol. 3, *Purgatorio*, ed. Giorgio Petrocchi (Firenze: Casa Editrice Le Lettere, 1994) 459.

을"("a temps de ma dolor")은 생략한 형태이다. 말하자면 엘리엇 시 속에서 아르노는 이미 고난에서 반쯤은 벗어난 경지에 와 있다. 그렇게 고난에서 벗어날 수 있는 근거를 앞서 나온 시행의 표현들이 제시한다. "영원한 고난에 무지하며"("In ignorance ... of eternal dolour," 6행)에서 "고난"으로 옮긴 "dolour"는 'via dolorosa,' 즉 예수가 십자가를 지고 골고다로 올라가는 길을 언급하고 있다. 엘리엇은 "eternal dolour"를 이 시행보다 두 행 위 "마리아의 색"("Mary's colour," 4행)과 각운을 이루도록 배치했다. 이렇게 하므로 십자가 곁에서 아들의 고난을 지켜보는 성모의 고난을 노래한 중세 라틴어 시 「스타밧 마테르」("Stabat Mater")의 첫 행, "Stabat mater dolorósa"를 떠올리도록 한 것이다.[23] 다시 말해서, 그리스도의 수난 및 그 수난을 통한 구원의 역사를 곁에서 지켜보는 성모 마리아를 여러 말로 불러내며 시인은 도움을 청하던 도중, 갑자기 아르노 다니엘의 마지막 당부의 일부가 원문 그대로 등장한다. 그 의미를 어떻게 해석할 수 있을까? 일단, 만가니엘로가 해석하듯, 아르노를 정화시키고 있는 불을 통해 욕정을 정제할 필요성을 인지하고 강조하고 있다고 할 수 있다.[24] 『성회 수요일』이 엘리엇의 이전 작품과는 파격적으로 다른 측면 중 하나는 바로 "나"가 등장한다는 점이다. 이 "나"가 물론 전적으로 엘리엇과 합치되는 것은 아닌 극적인 장치라고 하더라도, '비개인성'(impersonality)을 강조했던 초기 엘리엇의 시론에 비춰볼 때는 시인의 정통 기독교로의 개종만큼이나 획기적인 변화라고 할만하다. 그렇긴 해도 자기 말을 문학사 선배들의 시구 파편으로 대변하도록 했던 『황무지』의 시인은 『성회 수요일』의 시인에도 여전히 남아있다. 엘리엇은 자신을 단테가 그려낸 연옥의 아르노 다니엘에 투사시켜, 그의 '입'을 빌어,

---

23 성서 출처는 「요한복음」 19장 25-27절. 예수는 자신의 어머니 마리아가 십자가 곁에 서 있는 것을 보고 제자 요한에게 어머니를 맡아 달라고 부탁한다.

24 Manganiello, *T. S. Eliot and Dante*, 78.

아르노처럼 불 속에 들어가 자신을 정제하고 있는 모습을 극화했다. 단테의 『연옥』에 나오는 아르노 다니엘은, 바치갈루포의 표현대로, "울며 노래하며 고통받는 시인의 이미지"로서 엘리엇에게는 "자신의 고뇌를 표현해준 초상화" 노릇을 했다고 함직하다.[25]

단테의 『지옥』에서 『연옥』으로 이행하는, 또는 '지옥'을 '연옥'으로 재해석한 엘리엇의 작업 중 가장 인상적이고 가장 기념비적인 것은 그의 마지막 장시 『리틀 기딩』(1942) 2부에 등장한다. 『사중주 네 편』의 네 번째 작품인 『리틀 기딩』은 세 번째 작품 『드라이 셀베이지스』(*Dry Salvages*, 1941)와 마찬가지로 2차 대전 기간, 런던을 위시한 영국 중남부에 독일군이 집중 공습을 가하던 시기에 태어난 작품이다. 공습으로 인한 파괴 및 화재와 연관된 불은 이 시의 주요 모티브 중 하나이다. 또 다른 모티브는 '기도'라고 할 수 있다. 『네 편의 사중주』의 다른 작품과 마찬가지로 특정 지명이 제목에 등장하지만, "리틀 기딩"(Little Gidding)은 엘리엇의 개인 경험이나 가족사와 관련없는 지명이라는 점에서 보편적인 헌신과 기도의 공동체를 상징하는 이름으로 해석된다. 리틀 기딩은 케임브리지셔(Cambridgeshire)에 있는 작은 마을로, 1625년에 니콜라스 패러(Nicholas Farrar)가 성공회 공동체를 그곳에 창설하여 운영했다. 국가 교회(성공회)와 국왕에 대해 반기를 들었던 1647년 영국혁명 시기에 이 공동체는 해체되었다. 패러의 공동체는 기도와 노동, 자선에 헌신하고자 하는 가족들의 모임이었다. 성공회 전통에서는 리틀 기딩이 기독교적 삶의 모범을 보여주는 공동체의 상징으로 기억되었다.[26]

엘리엇이 지은 마지막 장시 『리틀 기딩』의 2부에서 엘리엇은 단테에 대한 평생의 경의를 내용뿐만 아니라 형식의 차원에서도 표명한다. 엘리엇은 단테의

---

25 Bacigalupo, "Dante," 180-81.

26 Kramer, *Redeeming Time*, 135-38.

『코메디아』에서 일관되게 전개되는 운율형식인 '삼각운율'(terza rima)을 '언어의 장벽'을 넘어서서 영어로 구현하고자 시도했다. 모음으로 단어가 끝나는 경우가 대부분인 이탈리아어에서 각운을 만드는 일은 상대적으로 자연스럽고 용이한 작업이다. 반면에 게르만족 언어에 프랑스어가 덧씌워지고, 스칸디나비아 말들이 여기저기 뒤섞인 잡종언어 영어로 단테의 멋진 각운의 음악을 모방한다는 것은 사실상 불가능하다. 이를 엘리엇은 영시 운율의 기본 어법인 음보를 통해 해결하고자 했다. 강세를 받는 음절로 끝나는 시행, 소위 '남성적 종지'(masculine ending)와 강세 없는 음절로 끝나는 시행, 소위 '여성적 종지'(feminine ending)의 교차를 통해, 삼각운율의 '효과'를 모방하려고 한 것이다. 그러나 이것만으로는 3행씩 한 단위를 이루는 삼각운율을 만들어낼 수 없기에, 페이지 조판 차원에서 3행 단위가 시각적으로 독자의 눈에 들어오게 인쇄했다. 이렇게까지 하며 단테를 추종하는 것은 엘리엇으로서는 극히 어려운 작업이었다. 원고를 수 없이 수정하고 또 수정했고, 엘리엇 후기에 가장 가까운 친구였던 젊은 문학가 존 데이비 헤이워드(John Davy Hayward)의 충고를 자주 구했다.[27] 그 최종적인 결과물은 다음과 같다.

아침 이전 그 불확실한 시간에
　끝날 줄 모르는 밤 끝나갈 무렵
　끝없음이 반복되는 끄트머리에
검은 비둘기 혀 널름널름
　제 귀환길로 수평선 넘어 가버린 후
　죽은 입새들 깡통처럼 아직 달그락댈 동안

---

27 Helen Gardner, *The Composition of "Four Quartets"* (New York: Oxford University Press, 1978) 63.

아스팔트 위 그 밖에 다른 소리 전혀 없는 거기
　연기 솟아오르는 세 구역 중간
　내가 만난 한 사람 걷다가 빈둥대다 서둘러
마치 저 철제 잎사귀들처럼 내게 날려 온 듯
　도시에 새벽바람에 밀려 저항치 못하며.
　그래서 나는 응시했다 그의 바닥 향한 얼굴을
예리한 탐사의 눈으로 시비 걸 듯 우리가
　첨 만난 낯선 자에게, 꺼져가는 땅거미 빛
　나는 순간 눈치 챘다 그 모습은 무슨 죽은 고수
내가 알았었고, 잊었고, 반쯤 기억한
　한 사람이자 여러 명, 누렇게 그을린 인상에서
　눈을 보니 친숙한 모습들 겹쳐진 귀신
친밀하지만 정체는 알 수 없어.
　그래서 난 두 겹 역할 떠맡아 불러보았다
　그러자 귀에 들리는 건 남의 목소리로, "선생님! 여긴 웬 일?"
비록 우린 있지 않았으나. 나는 여전히 같은
　나 자신 알지만 또 난 다른 자였으며—
　또 그는 여전히 생기는 중인 얼굴, 허나 그 말이면
충분히 서로 알아봄을 강제할 수 있었다.
　그리하여, 같은 바람 앞에 고분고분,
　오해하기에는 피차간 너무 생소했다,
이 교차점 시간에 안성맞춤
　아무데도 아닌 만남, 이전과 이후 없이,
　우리는 터벅터벅 순찰했다 죽은 듯 인도를.
내가 말하길, "내가 놀란 느낌은 편하오,

허나 편안함은 놀라움의 원인. 그러니 한 말씀
청합니다, 내가 이해치 못하고, 기억치 못하더라도."
이에 그의 말은, "내가 그럴 기분인가 강연 재탕할
내 사상과 이론들을 자넨 다 잊지 않았나.
그것들이 목적대로 이미 씌었으면, 그걸로 그만.
자네도 그렇듯, 나 또한 그것들을 용서받기 바래
남들에게, 내가 자네한테 용서받기 바라듯
잘못 함과 잘함 모두. 지난 철 과일 다 먹었고
배 채운 짐승은 걷어차리라 빈 광주리를.
이는 지난해의 말들 지난해의 언어에 속해
이듬해의 말들은 기다리기에 또 다른 음성을.
허나 지금 이 통로가 딱히 방해치 않으니
달랠 수 없는 떠돌이 영혼을
두 세계 사이에서 사뭇 서로 비슷해지니,
그러니 말들이 떠오르네 이렇게 할 줄 전혀 몰랐지만
이 길거리들에서, 여길 다시 찾을 줄 전혀 몰랐지
내 몸 저 멀찍한 해안에 남겨놓았을 때는.
우리 관심사가 말솜씨이니, 또 말솜씨가 우릴 추동했고
우리 부족의 방언을 순화시키도록
또 이후 일과 이전 일 유념케 부추겼으니,
나 자네에게 알려주지 노년에 받을 선물의 비밀을
한평생 애쓴 수고로 무슨 상급 받는지.
첫째, 기간 만료된 감각의 차디찬 마찰
마법에 홀릴 일 없고, 약속 전혀 해준 바 없어
다만 그림자 과실의 쓰디쓴 맛없음

육체와 영혼이 서로 갈라지기 시작하니.
둘째, 힘없음 뻔히 알면서도 치솟는 격분
　인간의 어리석은 꼴에, 또 뭐가 재밌는지
　웃어대는 꼴이 살갗 찢듯 하는 느낌.
마지막으로, 가슴 미어지듯 아프게 다시 떠올리기
　네가 한 모든 일과 네 지난 모습들, 수치스런
　꿍꿍이속 이제 다 들춰지고, 또 깨달아
잘못 한 짓 모조리 또 남들에게 해 끼친 짓
　그걸 그땐 미덕 실천이라 생각했었으나.
　그러면 바보들 인정해주면 콕콕 쑤셔, 명예는 더러운 얼룩.
잘못에서 잘못으로 분노한 영혼 그저
　나아갈 뿐, 저 정제의 화염으로 회복되지 않는 한
　그 불 속 박자 맞춰, 춤꾼처럼, 몸 놀려야 하네."
날이 트고 있었다. 형체 일그러진 그곳 길
　그는 나를 두고 떠나, 한 듯 만 듯 작별인사,
　스르르 사라질 때 들리던 사이렌 경보음.

In the uncertain hour before the morning
　Near the ending of interminable night
　At the recurrent end of the unending
After the dark dove with the flickering tongue
　Had passed below the horizon of his homing
　While the dead leaves still rattled on like tin
Over the asphalt where no other sound was
　Between three districts whence the smoke arose

I met one walking, loitering and hurried
As if blown towards me like the metal leaves
Before the urban dawn wind unresisting.
And as I fixed upon the down-turned face
That pointed scrutiny with which we challenge
The first-met stranger in the waning dusk
I caught the sudden look of some dead master
Whom I had known, forgotten, half recalled
Both one and many; in the brown baked features
The eyes of a familiar compound ghost
Both intimate and unidentifiable.
So I assumed a double part, and cried
And heard another's voice cry: 'What! are *you* here?'
Although we were not. I was still the same,
Knowing myself yet being someone other—
And he a face still forming; yet the words sufficed
To compel the recognition they preceded.
And so, compliant to the common wind,
Too strange to each other for misunderstanding,
In concord at this intersection time
Of meeting nowhere, no before and after,
We trod the pavement in a dead patrol.
I said: 'The wonder that I feel is easy,
Yet ease is cause of wonder. Therefore speak:
I may not comprehend, may not remember.'

And he: 'I am not eager to rehearse
   My thoughts and theory which you have forgotten.
   These things have served their purpose: let them be.
So with your own, and pray they be forgiven
   By others, as I pray you to forgive
   Both bad and good. Last season's fruit is eaten
And the fullfed beast shall kick the empty pail.
   For last year's words belong to last year's language
   And next year's words await another voice.
But, as the passage now presents no hindrance
   To the spirit unappeased and peregrine
   Between two worlds become much like each other,
So I find words I never thought to speak
   In streets I never thought I should revisit
   When I left my body on a distant shore.
Since our concern was speech, and speech impelled us
   To purify the dialect of the tribe
   And urge the mind to aftersight and foresight,
Let me disclose the gifts reserved for age
   To set a crown upon your lifetime's effort.
   First, the cold friction of expiring sense
Without enchantment, offering no promise
   But bitter tastelessness of shadow fruit
   As body and soul begin to fall asunder.
Second, the conscious impotence of rage

At human folly, and the laceration
Of laughter at what ceases to amuse.
And last, the rending pain of re-enactment
Of all that you have done, and been; the shame
Of motives late revealed, and the awareness
Of things ill done and done to others' harm
Which once you took for exercise of virtue.
Then fools' approval stings, and honour stains.
From wrong to wrong the exasperated spirit
Proceeds, unless restored by that refining fire
Where you must move in measure, like a dancer.'
The day was breaking. In the disfigured street
He left me, with a kind of valediction,
And faded on the blowing of the horn. ("Little Gidding" 2.25-96)

『리틀 기딩』 2부는 탁월한 전쟁 시이자 도시 시이기도 하다. 히틀러의 공습이 연일 이어지던 1940년에서 1941년을 배경으로 택하였고, 당시 공습경보 자원봉사단으로 활동하던 엘리엇 본인의 경험을 작품 소재로 삼았다. "검은 비둘기 혀 널름널름"으로 표현한 독일 공군 비행기들의 공습과 이들이 남긴 파괴의 잔해가 대화의 배경을 이룬다. 이 시행의 "검은 비둘기," 즉 독일 폭격기의 "혀"는 오순절 성령의 "불의 혀"와는 정반대되는 파괴와 죽음의 불이다. 그 불은 '지옥'의 문을 열어 죽은 자와의 만남을 주선한다. 이어지는 대목에서는 단테의 『지옥』 15곡, 단테의 어릴 적 스승이던 브루네토 라티니(Brunetto Latini)와의 만남을 폭격당한 런던 길거리에 중첩시킨다. 단테는 동성애자들을 벌하는 곳에서 뜻밖에 옛 스승을 만난다. 라티니가 먼저 단테를 알아보고, 그가 살아 있는 몸으로 거기에 온 데 놀라움을 표시한다. 지옥 불에 누렇게 익은 얼굴이긴 하나 그가 누구인지 알아본 단테는 "여기 계신가요, 브루네토 선생님?"("Siete voi qui, ser Brunetto?" *Inferno* 15.30)이라고 묻는다. 브루네토는 잠시 대오를 이탈하고 단테에게 스승다운 가르침을 준 후, '내 책에 모든 게 적혀 있고 나는 내 책 속에서 여전히 살아있으니 그 저서를 열심히 공부하라'는 당부를 남기고 동료들에 합류하러 질주해 달려간다.

그러나 엘리엇이 시도한 삼각운율이 단테의 삼각운율과 같을 수 없듯이, 엘리엇의 시에 등장하는 "무슨 죽은 고수" 같은 "친숙한 모습들 겹쳐진 귀신"은 브루네토가 아니다. 이 시에서는 화자와 그가 만난 죽은 영혼은 '사제관계'라기보다는 '선후배관계,' 즉 선배 시인에 가깝다. 또한 둘 간의 대화에서도 단테와 라티니 사이에서와 같은 친근함과 존경심은 찾아 볼 수 없다. 또한 엘리엇은 이 대목에서 폭격으로 엉망이 된 런던 길거리가 단테의 브루네토 라티니가 영원히 갇혀있는 '지옥'이 아님을, 아직 구원의 여지가 남아있는 '연옥'임을 강조한다. 그렇다면 이 인물은 누구일까? 평자들은 당연히 제기되는 이 질문에 다양한 답을 제시한 바 있다. 한 편에서는 초기에 엘리엇이 영미 문단에서 주목을 받게 후원해주는 데 큰 기여를 했고, 본인도 단테에 대한 조예가 깊었던 에스라 파운드(Ezra Pound)라고 본다.[28] 다른 쪽에서는 20세기 초 당시 영국 문단에서 가장 영향력이 있었던 대가 윌리엄 버틀러 예이츠(William Butler Yeats)라는 시각도 있다.[29] 심지어 이 "귀신"이 엘리엇 본인이라는 주장마저 제출된 바 있다.[30]

28 Richard Badenhausen, *T. S. Eliot and the Art of Collaboration* (Cambridge: Cambridge University Press, 2004) 209; Massimo Bacigalupo, "Tradition in 1919: Pound and Eliot," *T. S. Eliot and the Concept of Tradition,* ed. Giovanni Cianci and Jason Harding (Cambridge: Cambridge University Press, 2007) 106.

29 Manganiello, *T. S. Eliot and Dante*, 149-50.

30 Thomas Howard, *Dove Descending: A Journey into T. S. Eliot's "Four Quartets"* (San Francisco: Ignatius Press, 2006) 132.

엘리엇이 어떤 선배시인들을 모델로 삼아 초상화를 그렸건 간에, 분명한 것은 『지옥』에서 순례자 단테는 스승 브루네토를 지옥에서 만나지만 『리틀 기딩』에서의 만남은 아직 죽지 않은 산 사람들의 세계에서의 만남이라는 점, 그렇기에 회생의 가능성과 희망을 품을 수 있는 '연옥'적인 상황에서의 만남이라는 것이다. 초고 중 하나에서는 단테의 원작을 그대로 인용해서, "여기 계신가요, 브루네토 선생님?"이라고 되어 있다.[31] 이 초고를 고친 데 대해 헤이워드가 아쉬움을 표명하자, 엘리엇은 헤이워드에게 보낸 편지에서, 그렇게 고친 가장 큰 이유는, 이 만남이 연옥에서 전개되는 것이지 지옥에서가 아니기 때문이라고 한다.[32] 정확히 말하자면, 『리틀 기능』 2부는 지옥에서 연옥으로 이행하는 시라고 해야 할 것이다. 이 대목의 전반부 42행은 지옥의 풍경을 그리고 있다면, 후반부 30행은 구원의 여지를 열어놓은 연옥적인 풍경이라는 해석도 있다.[33] 물론 정확히 어디서부터 연옥이 시작되는지를 따지는 게 문제의 핵심은 아닐 것이다. 시의 지향점이 연옥적인 정제, 불을 통한 정화라는 것이 중요할 것이다. '유령'의 마지막 발언인 "저 정제의 화염으로 회복되지 않는 한"("unless restored by that refining fire")은 연옥의 정제하는 불 속에서 순례자를 만났던 아르노 다니엘을 연상시킨다. 이 유령이 시인에게 전해준 노년의 "선물"은 물론 연옥에서 오랜 세월동안 곱씹으며 반성하고 정화해야 하는 죄와 수치들이기도 하다. 그 끝에는 구원이 있음을 알고 믿기에 "정제의 불"을 기꺼이 받아들이는 단테의 연옥을 엘리엇은 전쟁으로 일그러진 당대 영국 사회에 겹쳐 놓았다.

---

31 Gardner, *The Composition of "Four Quartets,"* 174.

32 Ibid., 63-64.

33 Rev. J. C. Woods, *The Voices of Silence: Meditations on T. S. Eliot's "Four Quartets"* ([n.p.]: Createspace.com, 2013) 177.

Ⅳ. 천국의 문턱

엘리엇이 단테의『천국』에 해당되는 경지를 작품 속에서 구현한 바 있을까? 이 점에 대해서는 학자들 간의 의견이 갈린다. 영시 전통에서는 사뭇 생소한 철학적, 신학적 사색을 담은『사중주 네 편』이 엘리엇 작품세계에서는 단테의『천국』에 비견될 작품이라는 견해도 있다. 대표적으로 러셀 커크(Russell Kirk)는 엘리엇이『사중주 네 편』에서 "천국의 비전"을 담고 있다고 한다.[34] 반면에 바치갈루포는 엘리엇이 단테의『천국』에는 도달하지 못했다고 본다. 단테의『천국』은『코메디아』전체에서 가장 "열정적인" 작품들인 반면, 사색과 성찰의 균형을 추구하는『사중주 네 편』은 지성의 지배를 받고 있다는 점을 바치갈루포는 지적하는데, 본 연구자도 이 견해에 동의한다.[35]『사중주 네 편』의 설정이나 내용, 또 이 작품에 대한 엘리엇 본인의 발언을 종합해 보면, 엘리엇은 '연옥'에 머물렀지 손쉽게 '천국'으로 비상하려 하지 않았음을 알 수 있다. 정확히 말하면 엘리엇은 단테의『연옥』마지막 칸토들에서『천국』으로 올라갈 최종 준비 및 수련을 하는 단계에까지는 이르렀으나 단테가 전하는 천국여행 체험은 모방하길 꺼려했다. 앞서 만나봤던 엘리엇의『성회 수요일』1부로 돌아가자면, 이 시의 1부에서 다음과 같은 대목이 좋은 예이다.

왜냐면 때는 늘 때임을 나 알기에
또 곳은 늘 곳일 뿐임을
또 실제 있는 그것은 한 때만 실제임을

---

34 Russell Kirk, *Eliot and His Age: T. S. Eliot's Moral Imagination in the Twentieth Century* (Wilmington, DE: Intercollegiate Studies Institute, 2008), 241.

35 Bacigalupo, "Dante," 188.

또 한 곳에서 그러할 뿐임을
일들이 그대로 그러함에 나 기뻐하고 또
저 축복 받은 얼굴을 나 포기하고
또 그 목소리 포기하네

Because I know that time is always time
And place is always and only place
And what is actual is actual only for one time
And only for one place
I rejoice that things are as they are and
I renounce the blessèd face
And renounce the voice (*Ash Wednesday* 1.16-22)

여기에 등장하는 "축복 받은 얼굴"("the blessèd face")와 "그 목소리"("the voice")는 이어지는 2부에 등장하는 "여인"("Lady," *Ash Wednesday* 2.1), 4부에 나오는 "말 없는 자매"("silent sister," *Ash Wednesday* 4.22), 5부에서도 계속 등장하는 "베일 쓴 자매"("veiled sister," *Ash Wednesday* 5.20)를 지칭한다. 이 대상이 누구인지는 단테의『연옥』30곡을 알아야 설명할 수 있다. 지옥 여행을 마치고 힘겹게 연옥 산을 올라와 정화의 불 속을 통과한 순례자 단테는 바라고 바라던 베아트리체(Beatrice)를 드디어 연옥 최상부에서 만나지만, 아직 그는 그녀의 성화된 얼굴을 직접 볼 수 없다. 육체의 흔적을 좀 더 지우고, 무엇보다도 자신의 죄에 대해 보다 더 뼈저린 참회를 해야만 천상의 베아트리체를 바라보고 그녀와 사귈 수 있기 때문이다. 이에 베아트리체는 "올리브로 테를 두른 하얀 베일"("candido vel cinta d'uliva")(*Purgatorio* 30.31)로 얼굴을 가리고 서 있다. 곧이어, 베일로 얼굴을 가린 채 베아트리체는 단테가 가까이 다가오자 그를 심하게 책망한다. 베아트리체가 죽은 후 단테가 온갖 잘못된 길로 빠졌던 과오를 꾸짖는 것이다. 순례자는 한 마디 변명도 못한 채 오로지 참회의 눈물만 흘린다. 눈물로 얼룩진 과거의 흔적은 이어지는『연옥』31곡에서는 '망각의 강 레테르'에 몸을 담그고 건너가므로 말끔히 씻어낸다. 참회와 회개의 시인『성회 수요일』의 2부 첫 행은

> 여인이시여, 세 마리 흰 표범이 로뎀 나무 아래 앉아 있소
>
> Lady, three white leopards sat under a juniper tree (*Ash Wednesday* 2.1)

이다. 이 시행을 시작하는 "여인"은『코메디아』의 출발점부터 이미 순례자 단테를 돌봤던 천상의 베아트리체와 구조적으로 같은 기능을 한다. 단테의 작품에서 베아트리체는 지옥의 입구 앞에 쓰러져 있는 순례자 단테를 보고, 성모께 간청하여 허락을 받은 후, 비르질리오에게 가서 눈물로 호소하여 단테를 무사히 안내하여 지옥을 빠져나와 연옥으로 데리고 오도록 부탁한다. 연옥 상층부까지 무사히 여행을 마치고 베아트리체를 만나기까지의 모든 과정은 베아트리체 덕분에 가능했다. 엘리엇의 위 시행에 등장하는 표범들은 화자의 골수와 해골 안의 뇌까지 모조리 다 먹어버린 후 뼈만 남겨놓는다. 이 뼈들은 이 '여인'의 기도와 간청 덕분에 다시 새로운 삶을 얻는다. 그리고 뼈들은 이렇게 노래한다.

> 이 여인의 선하심 덕에
> 또 그 분의 고우심 덕에, 또 그분이
> 동정녀를 묵상하며 드높이신 덕분에,
> 우리는 밝게 빛납니다.

Because of the goodness of this Lady
And because of her loveliness, and because
She honours the Virgin in meditation,
We shine with brightness. (*Ash Wednesday* 2.8-11)

마른 뼈로 와해된 자아가 다시 새로운 존재로 재구성되는 이 극적인 이미지들에 비하면 단테의『연옥』30장은 매우 부드럽고 온화한 편이다. 그만큼 구원과 참회, 변신은 현대문명을 사는 시인과 독자에게는 극적이고 힘겹고 또한 과격한 것일 수밖에 없음을 이 작품은 직시한다. 그러한 처절함 때문에 베아트리체와 함께 천국을 여행하는 단테의『천국』은 함부로 모방하거나 추종하기 어려울 수밖에 없다.

물론『사중주 네 편』에서 단테의『천국』이 몇 차례 결정적인 역할을 하긴 한다.『드라이 셀베이지스』4부의 다음 대목이 대표적이다.

거듭 기도하소서 저 여인들 위해
아들 또는 남편 배 타고 떠날 때
배웅은 했으나, 돌아오질 않았으니,
필리아 델 투오 필리오,
천상의 여왕이시여.

Repeat a prayer also on behalf of
Women who have seen their sons or husbands
Setting forth, and not returning:
Figlia del tuo figlio,
Queen of Heaven. (*Dry Salvages* 3.6-10)

강과 바다가 주요 모티브인 이 시에서 바다에서 죽음을 당한 이들의 미망인들을 위해 기도해달라고 성모에게 요청하는 이 대목에서 엘리엇은 “Figlia del tuo figlio”(*Paradiso* 33.1)라는 이탈리아어 시행을 작품 속에 그대로 삽입했다. 이 말을 직역하면, “당신의 아들의 따님이시여”이다. 마리아는 성육신된 아기 예수의 어머니이나 왕이신 예수 그리스도의 종이기도 하다. 단테의 『천국』 33곡, 1행에서 성 베르나르도(Bernardo, 성 베르나르)의 영혼이 성모 마리아에게 부탁 기도하는 첫 행에서 이 성육신의 신비를 이렇듯 명료하고 아름답게 시적으로 표현했다.

그러나 구원의 주체와 열쇠는 예수의 어머니 마리아가 아니라 예수 그리스도 자신이다. 『지옥』과 『연옥』, 『천국』을 거치며 온갖 화려한 삼각운율의 기교를 맘껏 펼치던 작가 단테는, 『천국』 여행 중반부인 14곡에서 삼각운율 작동을 순간 정지시킨다. 그는 “Cristo”로 끝나는 시행들은 “Cristo”하고만 각운을 이루도록 배치한 것이다.

　여기서 내 기억은 내 재주를 이기네,
이는 십자가가 번쩍 보여준 모습이 그리스도라,
그러니 난 적절한 비유어를 찾지 못하네,
　허나 자기 십자가를 지고 따르는 분이 그리스도인,
그런 이는 그래도 내가 빼놓은 부분을 양해해주리
그는 파악했을 테니 섬광이 비춰준 것이 그리스도임을.

　Qui vince la memoria mia lo 'ngegno,
ché quella croce lampeggiava Cristo
sì ch' io non so trovare essempro degno,
　ma chi prende sua croce e segue Cristo

ancor mi scuserà di quel ch'io lasso,

vedendo in quell' albor balenar Cristo. (*Paradiso* 14.103-108)

이와 같이 단테는 구원은 오직 그리스도를 통해야 함을, 그리스도의 형상을 목도한 이 순간에 시적으로 고백하고 선언한다. 그리스도의 십자가 피를 통하지 않으면 구원을 얻을 수 없다는 이 그리스도교의 핵심 진리를 엘리엇은 『사중주 네 편』 중 두 번째 작품인 『이스트 코우커』(*East Coker*, 1940) 4부에서 다음과 같은 강렬한 시어에 담아놓았다.

다친 의사는 연신 철제도구 움직여
병든 부위에 물음을 던지네.
피 흐르는 그 손 밑 우린 느끼네
치유하는 의술의 예리한 연민을,
고열기록의 수수께끼를 풀어냄을.

우리의 건강은 오직 저 질병뿐
우리가 죽어가는 간호사께 순종한다면
그가 늘 애써 살피는 바는 쾌적함이 아니라
우리와 또 아담의 저주를 기억케 함이며,
또 나아 회복되려면 우리 병이 더 깊어져야 함이며.

이 지구 전체는 우리의 병원,
기부금을 낸 이는 망한 백만장자,
거기서, 우리가 잘 처신하면, 우리는
죽으리라 절대적 부성애의 보살핌 덕에

우리를 놔두지 않고, 모든 길 미리 막는 그 덕에.

냉기는 발에서 무릎으로 올라오네,
열병은 정신의 전선줄로 노래하네.
몸 녹이길 원하면, 나 얼어야만 하고
또 냉랭한 정화의 불에서 떨어야 하리니,
그 타오르는 불길은 장미꽃이요, 또 그 연기는 들장미이니.

뚝뚝 떨어지는 피만이 우리의 마실 것,
유혈 낭자한 살만이 우리의 먹을 것.
그럼에도 우리는 생각하고 싶어하니,
우린 멀쩡하다고, 튼실한 살과 피라고—
다시, 아랑곳 않고, 우린 이 금요일을 성스럽다 하고.

The wounded surgeon plies the steel
That questions the distempered part;
Beneath the bleeding hands we feel
The sharp compassion of the healer's art
Resolving the enigma of the fever chart.

Our only health is the disease
If we obey the dying nurse
Whose constant care is not to please
But to remind of our, and Adam's curse,
And that, to be restored, our sickness must grow worse.

The whole earth is our hospital
Endowed by the ruined millionaire,
Wherein, if we do well, we shall
Die of the absolute paternal care
That will not leave us, but prevent us everywhere.

The chill ascends from feet to knees,
The fever sings in mental wires.
If to be warmed, then I must freeze
And quake in frigid purgatorial fires
Of which the flame is roses, and the smoke is briars.

The dripping blood our only drink,
The bloody flesh our only food:
In spite of which we like to think
That we are sound, substantial flesh and blood--
Again, in spite of that, we call this Friday good. (*East Coker* 4.1-25)

『이스트 코우커』 2부의 "냉랭한 정화의 불"과 "타오르는 불길" 등의 표현은 한편으로 단테의『연옥』이 일관되게 개종 후 엘리엇의 상상력을 꾸준히 지탱해 주고 있음을 증언한다. 그러나 이 시는 동시에 "정화의 불" 만으로는 진정한 치유를 얻을 수 없음을 충격적인 의학적 이미지들을 통해 강조한다. "다친 의사"는 십자가에 못 박힌 예수 그리스도, "죽어가는 간호사"는 그리스도의 '몸'인 교회를 뜻한다. "망한 백장장자"는 엘리엇 본인도 시인하듯 최초의 사람 아담을 뜻하지만, 2차 대전을 야기한 자본주의의 파산도 지칭한다. "장미"는 단테의

『천국』30곡에서 성모와 성인들이 각자 꽃잎이 되어 만들어낸 천 개의 정교한 꽃 잎, "영원한 장미꽃"("la rosa sempiterna," *Paradiso* 30.124)을 지칭한다. 『이스트 코우커』는 1940년 성금요일에 발표되었고, 시의 가장 중요한 순간에 십자가에서 인간을 위해 살과 피를 내어준 예수 그리스도를 '먹고 마시는' 성만찬의 의미를 강렬한 이미지로 부각시키고 있다. 그리스도의 피와 살을 통해서만 단테의『천국』이 그려준 장미꽃 같은 천국의 조화를 바라볼 수 있음을 세 번째와 네 번째 연은 선포한다.

엘리엇의 마지막 주요 작품인『사중주 네 편』을 이루는 네 편의 장시들은 합쳐져 단행본으로 2차 세계대전 중이던 1943년에 간행되었다. 엘리엇은 그 이후로 정식 시는 더 이상 쓰지 않았다. 그럼에도 불구하고 전후 엘리엇이 전쟁의 충격과 상처, 그리고 새로운 냉전체제의 위협에 신음하는 서구 사회에 미친 영향력은 적지 않았다. 엘리엇의 영향력이 워낙 컸기에, 2차 대전이 끝난 후 냉전체제가 구축되면서 미국의 보수우파 엘리트에게 "미학화된 순응주의"를 심어주는 데 그가 일조했다는 비판도 있다.[36] 그러나 엘리엇의『사중주 네 편』은 시장경제와 소비 자본주의 체제 순응을 옹호하지 않았음을 위의『이스크 코우커』4부 마지막 연을 보면 충분히 알 수 있다. 오히려 그러한 편리함이 얼마나 위험한 것임을, 우리를 파멸에 이르게 하는 마약임을 엘리엇은 지적한다.

엘리엇과 단테 사이에는 시대의 장벽이 여러 겹 놓여있다. 2차 세계 대전의 그 끔직한 파괴와 살상을 만약 단테가 보았다면 과연 단테가『천국』을 쓸 수 있었을까? 아마도『연옥』을 완성하기도 쉽지 않았을지 모른다. 또한 단테와 엘리엇 사이에는 성가시지만 무시할 수 없는 언어 간의 차이, 바벨탑의 저주를 발견한다. 타락한 인간들이 하는 일이 다 그렇듯이, 저주는 저주로 남아있으나, 타락

36 John Xiros Cooper, *T. S. Eliot and the Ideology of "Four Quartets"* (Cambridge: Cambridge University Press, 1995) 180.

에 이어지는 구원의 길, 저주를 축복으로 전환시킬 길 또한 주어져있다. '죽은 대가'들의 유산을 언어, 국가, 시대의 경계선을 넘어 탐구하는 '비교문학'의 이상도 그러한 전환의 가능성에 맞춰줘 있을 것이다. 그러나 구원은 구원자 예수의 살과 뼈를 십자가에 못 박는 폭력을 거쳐서만 실현된다. 바벨탑의 저주를 털어버리려는 '비교문학'의 구원 또는 전환에도 십자가의 폭력에 해당하는 '망가뜨림'이 개입한다. 20세기 최고의 시인이자 지성인 T. S. 엘리엇, 그 누구보다도 '비교문학적'인 정서와 방법을 체현했던 그에게 가장 중요한 작가는 단테였다. 이 단테는 하지만 불가피하게 '망가뜨린' 단테로서 망가지고 있는 현대 시대의 예언자 T. S. 엘리엇의 문학 '만들기'에 뭉개진 살과 흐르는 피를 영양분으로 제공한다.

인용문헌

Bacigalupo, Massimo. "Dante." *T. S. Eliot in Context.* Ed. Jason Harding. Cambridge: Cambridge University Press, 2011. 181-89.

Badenhausen, Richard. *T. S. Eliot and the Art of Collaboration*. Cambridge: Cambridge University Press, 2004.

Brooker, Jewel Spears. *Mastery and Escape: T. S. Eliot and the Dialectic of Modernism*. Amherst, MA: University of Massachusetts Press, 1994.

Cooper, John Xiros. *T. S. Eliot and the Ideology of "Four Quartets."* Cambridge: Cambridge University Press, 1995.

Dante Alighieri. *The Divine Comedy of Dante Alighieri*. Vol. 1: *Inferno*. Ed. and trans. Robert M. Durling. Oxford: Oxford University Press, 1996.

______. *The Divine Comedy of Dante Alighieri*. Vol. 2: *Purgatorio*. Ed. and trans. Robert M. Durling. Oxford: Oxford University Press, 2003.

______. *The Divine Comedy of Dante Alighieri*. Vol. 3: *Paradiso*. Ed. and trans. Robert M. Durling. Oxford: Oxford University Press, 2011.

______. *La Commedia secondo l'antica vulgata*. Vol. 2: *Inferno*. Ed. Giorgio Petrocchi. Firenze: Casa Editrice Le Lettere, 1994.

______. *La Commedia secondo l'antica vulgata*. Vol. 3: *Purgatorio*. Ed. Giorgio Petrocchi. Firenze: Casa Editrice Le Lettere, 1994.

Eliot, T. S. *Selected Essays*. London: Faber, 1932.

______. *Complete Poems and Plays of T. S. Eliot*. London: Faber, 1969.

Gardner, Helen. *The Composition of "Four Quartets."* New York: Oxford University Press, 1978.

Howard, Thomas. *Dove Descending: A Journey into T. S. Eliot's "Four Quartets."* San Francisco: Ignatius Press, 2006.

Kirk, Russell. *Eliot and His Age: T. S. Eliot's Moral Imagination in the Twentieth Century*. Wilmington, DE: Intercollegiate Studies Institute, 2008.

Kramer, Kenneth Paul. *Redeeming Time: T. S. Eliot's "Four Quartets."* Lanham, MD: Cowely Publications, 2007.

Manganiello, Dominic. *T. S. Eliot and Dante*. Houndmills, Basingstoke: Macmillan, 1989.

Schuchard, Ronald. *Eliot's Dark Angel: Intersections of Life and Art.* New York: Oxford University Press, 1999.

Van Tieghem, Paul. "Influences et simultanéités en histoire littéraire." *Romanic Review* 20 (1929): 137-40.

Woods, Rev. J. C. *The Voices of Silence: Meditations on T. S. Eliot's "Four Quartets."* [n.p.]: Createspace.com, 2013.

논평과 토론

죽음으로 망가지고, 문학으로 되살리다

윤민우(연세대, 영어영문학과)

본 연구의 대략적인 줄거리는 T.S. 엘리엇의 「황무지」, 「텅빈 사람들」, 「성회(聖灰) 수요일」, 「사중주」를 구체적으로 독해하면서, 이를 중세시인 단테가 『신곡』의 세 부분, 즉 지옥, 연옥, 천국을 통하여 나아간 도정과 비교하는 연구입니다. 본 논문을 읽다가 미국 가톨릭 문화권인 뉴 올리안스에서 벌어지는 하나의 연례행사가 생각났습니다. 그들은 2월의 어느 화요일을 '기름진 화요일'(mardi gras)이라 부르며, 이 날에 정점에 달하는 사육제의 극단적 향락을 즐깁니다. 그 다음 날인 성회수요일에 가톨릭 신자들은 머리에 재를 뿌리며 40일 간의 고행 및 속죄 기간인 사순절에 돌입하게 되어 있습니다. 기름진 음식과 술, 방탕과 향락에 탐닉하던 육체의 영역이 예수의 죽음과 부활에 의해 가능해진 천국에로의 구원의 약속에 참여할 수 있기 전에, 한동안 참회의 삶을 거쳐야 하는 것입니다. 이와 비슷하게, 엘리엇의 「성회수요일」에는 연옥의 구체적인 계단들을 가리키면서 서술되는 부분들이 발견됩니다.

이미 축적된 연구결과가 많은 만큼, 훌륭한 성과를 내기가 쉽지 않은 연구주제인 것 같기는 합니다. 단테와 엘리엇 사이의 정교하고도 합당한 패러렐을 만드는 것은 저자가 감당해야 할 몫일 겁니다만, 특별히 경이스러운 것은 저자의 이탈리아어 솜씨입니다. 저자는 단테의 원어와 엘리엇의 인용문을 대조하여 후

자의 오류를 구체적으로 지적하기도 합니다. 그리고 본 논문은 「황무지」의 절대 부정이 지옥에 해당한다면, 「텅빈 사람들」은 약간의 희망을 남기고 있어 지옥의 끝쯤이라 할 수 있겠고, 「성회수요일」은 그야말로 연옥에 해당하며, 「사중주」는 천국의 요소가 좀 있지만, 여전히 현실 문제를 탐구하는 연옥의 영역에 처해 있다고 말하는 것 같습니다. 대체로 보아, 이는 기존 연구 성과와 엇갈리는 것 같지는 않습니다.

단테의 지옥과 연옥에 해당하는 엘리엇의 「황무지」, 「텅빈 인간들」, 「성회수요일」의 여정에는 구체적 이미지들이 많이 동원되는 반면, 천국에 가까이 가는 「사중주」에는 신학적 진술이 종종 등장합니다. 논문의 제목에서 '망가진'이라고 한 것은 지옥과 연옥에서 처벌의 고통을 받는 영혼들처럼, 엘리엇의 현실에서도 똑같이 망가진 인물과 정신이 있기에 그렇게 부른 것입니다. 이는 단테가 지옥과 연옥에 당도한 죽은 영혼들이 지상에서 지은 죄와 과오의 반대급부적인 처벌을 받는다는 원칙, 즉 콘트라파소(contrapasso)라 불리는 원칙을 이용하기 때문이기도 합니다. 단테는 그 영혼들이 육체를 결여하지만, 여전히 그들의 육체적 이미지를 빌어 처벌의 고통을 받는 모습을 그렸기 때문입니다. 지옥과 연옥의 표현방식은 각각 육체적 비전(visio corporalis)과 영적 혹은 상상적 비전(visio spiritualis 혹은 visio imaginativa)에 입각한 것입니다. 물론, 천국에서의 영혼들, 그리고 특히 하나님의 모습은 그럴 수가 없습니다. 단테는 추상적일 수밖에 없는 영혼과 신성을 순수 지성적 비전(visio intellectualis)에 의해 표현하려 합니다. 하나님은 빛이라든가 혹은 사랑이라는 식의 신학적 원리를 이용하여 표현할 수밖에 없을 것입니다. 다른 중세 저자들도 신의 속성에 관한 부정적 진술을 가정(假定)으로 먼저 제공하고 이를 부인하는 식으로 하나님을 재현할 수밖에 없었습니다. 「사중주」에서 간혹 시작에 끝이 있다든가, 모든 움직임은 여기서 정지한다든가 하는 로고스의 세계를 암시하는 부분이 있는데, 표현방식이 이렇게 단순해지고 역설(逆說)이나 선문답 같은 신학적 진술로 나아간 것은 바로 단테가 순수 지성적 비전으로 신의 영역을 재현하려 했던 것과 연관이 있을 것 같습니다. 물론 「사중주」는 이차대전의 폭격 중에 씌어진 부분이 있고 여전히 혼돈과 절망의 순간을 표현하고도 있어, 연옥적 인간 삶을 보여 준다고 말할 수도 있지요. 엘리엇은 모든 인간언어가 로고스 앞에서 침묵하는 천국의 비전에 도달하기를 쑥스러워하고 꺼리는 것 같습니다. 그는 여전히 시인으로서 물상의 이미지--망가진--를 표현하는 차원을 온전히 벗어나지는 않으려 합니다. 그는 중세 명상 시인처럼 종교적 각성 속에서 구원 받고자 하는 개인이 아니라, 해결해야할 당면과제가 많은 인간의 탐욕과 허영의 삶과 세계를 한탄하고 있습니다.

어쨌든 단테처럼 엘리엇도 망가진 인간의 초상에서 승화된 신학 혹은 문학으로 나아갑니다. '죽음으로 망가지고, 문학으로 되살리다'는 이렇게 단테와 엘리엇의 재현방식을 포용하는 취지의 제목입니다. 논문의 마지막에서, 저자는 엘리엇이 이렇게 망가진 혼돈의 인간 삶을 고발하였기에, 우리는 이를 성찰하여 되살아날 수 있다고 말합니다. 단테는 구원과 로고스의 영역에 당도했지만, 엘리엇은 이에 약간 모자라, 우리는 그 망가진 이미지들 속에서 구원의 비전을 탐구하게 됩니다.

끝으로 저자에게 한두 가지를 주문해 본다면, 다음과 같습니다. 토마스 아퀴나스의 스콜라 철학을 배운 중세시인 단테와 가톨릭에 좀 더 가까운 성공회로 개종한 엘리엇 사이의 신학적 유사성에 관하여 좀 더 알고 싶습니다. 혹은 거리감은 없을까요? 그리고 단테가 피렌체에서 추방당한 시절에 저술한 『신곡』과 20세기 모더니즘 혹은 이차세계대전을 겪으며 저술하였으며 궁극적으로 보수화하는 엘리엇의 시들 사이에 드리워진 정치적 위상의 비교는 어떠할는지요? 단테의 경우를 말하자면, 그가 천국에, 그리고 특별히 지옥과 연옥에 배치한 수많은 특정한 인물들은 그 자신의 정치적 동지이거나 적수이기도 했습니다. 이런 점에서 단테의 『신곡』을 12세기 트루바두르 시의 한 장르인 군사 정치시(sirventes)의 전통에 속하는 것으로 볼 수 있게도 됩니다. 단테의 종교시에는 정치적 차원이 있는 것이죠. 혹시 엘리엇에게 그런 측면은 없을까요? 이상입니다.

시인의 죽음
- 문학적 수사와 문학적 사실 사이[1]

김진영(연세대, 노어노문학과)

I. 불멸의 토포스와 시인

청동보다 영원할 위업을 나는 이루었노라.
피라미드 꼭대기 제왕의 보좌보다 높아라.
뭐든지 먹이치우는 폭우도, 난폭무도한
북풍도 무너뜨리지 못하며, 무수한 세월의

흐름, 달음질치는 시간도 어쩌지 못하리라.
사라져도 모두는 아닐 것이며 나의 대부분은
리비티나를 피할 것이다. 후대에도 한없이

---

1 이 글은 기존에 다루었던 자료를 일부 포함하여 러시아 문학 전통 전반에 관한 논의로 확대·보완한 글이다. 이 글에 등장하는 푸슈킨과 마야콥스키 관련 상세 자료는 김진영, 「시인의 죽음: 푸슈킨과 마야콥스키」, 『러시아어문학연구논집』 42집, 2013, 33-62쪽 참조.

칭송이 계속 커질 것이며, [...][2]

서구 문학에서 '시인의 죽음'과 '시적 불멸성'은 호라티우스에 의해 구체적으로 언급되기 시작한다. 그는 시에 등장함으로써 부여받는 사후 명성이 아니라 시를 씀으로써 획득하는 사후 불멸에 주목했다.[3] 호라티우스 송시집 제3권 첫 시가 강론한 인간 보편의 숙명론("죽음의 필연은 높으나/ 낮으나 데려감에 차별이 없다. 모든/ 이름을 담아 항아리를 흔든다")은 30편 송시를 완성하는 시점에 이르러 시인의 시적 불멸성에 대한 웅변으로 전환하는데, "청동보다 영원할 위업을 나는 이루었노라"고 옮겨진 첫 행은, 직역하면 "청동보다 영원할 기념비를 세웠노라(Exegi munumentum, aere perennius...)"가 된다. 불멸을 선언하는 시인의 논지는 명료하다. 자신이 위대한 '기념비'를 세운 시인이고 그 기념비가 청동보다 영원하기 때문에 당연히 인간 호라티우스는 죽어도 시인 호라티우스는 죽지 않는다는 것이다. 수사학에서 얘기하는 이른바 '생략 3단 논법(enthymeme)'의 논리이다.[4]

호라티우스의 기념비 시는 시적 불멸성의 전범으로서 후대 시인들, 특히 18세기 유럽의 고전주의자들에 의해 자주 재창되었으며, 러시아에서만도 로모노소프에서 데르자빈, 푸슈킨, 나보코프 등 다수 시인의 '번역'으로 거듭 소개되었다.[5]

---

2 Quintus Horatius Flaccus, "Exegi munumentum, aere perennius...," 호라티우스, 『소박함의 지혜』, 김남우 옮김, 민음사, 2016, 77쪽.

3 시에 등장하는 인간의 사후 명성에 대해서는 호메로스의 『일리아드』(VI:359)가 처음 언급한 것으로 확인된다. 헬렌이 전쟁에 나가야 하는 헥터에게 "미래의 노래"를 통해 후대까지 기억될 자신들의 운명을 이야기 하는 부분이다. E. R. Curtius, *European Literature and the Latin Middle Ages*, Princeton University Press, 1973, p. 476.

4 러시아 문학어의 아버지로 간주되는 고전주의 시인 로마노소프는 자신의 수사학 교본(Краткое руководство к красноречию, 1748)에서 '생략 3단 논법'의 모델로 호라티우스 송시를 번역해 인용했다.

5 러시아문학의 호라티우스 송시 수용에 관해서는 W. Busch, *Horaz in Russland*, München, 1964; М. П. Алексеев, Стихотворения Пушкина "Я памятник себе воздвиг..." // Пушкин и мировая литература. Л., 1987. С. 5-265; R. Lachmann, *Memory and Literature: Intertextuality in Russian*

그런데 기억할 것이, 호라티우스가 얘기하는 불멸성은 명백히 신의 영역에 속한 속성이라는 점이다. 불멸의 주체는 시인이 아니라 시, 더 정확히는 시의 원주인인 신이며, 호라티우스는 뮤즈인 멜포메네에게 "공로에 마땅한 영광"인 시집을 헌정함으로써 자신의 시작(詩作)을 마무리 한다.[6]

시적 불멸성을 말함에 있어 호라티우스는 "나의 대부분은/ 리비티나를 피할 것"이라 했고, 러시아 고전시인 데르쟈빈은 "나의 많은 부분은/ 썩지 않고 죽어서도 살 것이다"로, 푸슈킨은 "신성한 리라 안에서 영혼은/ 재가 된 내 육체를 살아남아 썩지 않으리"로 그 대목을 풀어 옮겼다. 시는 불멸하지만 시인은 여전히 필멸임을 그들은 잘 알고 있었다. 시적 불멸성의 토포스는 인간과 신, 육체와 영혼, 눈에 보이는 것과 보이지 않는 것의 이원론적 세계관 속에서 상상된 시학 전통이며, 실증적 입장에서는 종결 의례에 불과할 따름이다. 삶에 있어서건 한 편 시집에 있어서건, 마지막 지점에 다다른 시인이 그 종결의 의미를 표현할 방법을 찾아 마침표와도 같은 표식을 새기는 것인 만큼, 시의 불멸성은 곧 삶의 필멸성에 대한 역설의 비유가 되기도 한다.

데르쟈빈은 호라티우스의 기념비 시를 두 번 번역하여 두 번 모두 자신의 시집 맨 끝에 수록했다. 개념적으로나 형식적으로나 원시에 충실하고자 했던 것이다.[7] 그렇지만 그것은 수사적 전통의 복창이었을 뿐, 데르쟈빈은 정작 자신이 쓴 다수의 애도시에서는 불멸을 얘기하지 않았고, 죽음 너머 세계를 향한 희망도 내비치지 않았다. 대표시 「메슈체르스키 공의 죽음에 붙여」(На смерть князя Мещерского, 1779)를 보면, 수사적으로 대단히 현란한 장시임에도 불구하고 실제 죽음의 대목에 와서는 모든 수사가 일시에 사라져버림을 알 수 있다.

Modernism, R. Sellars & A. Wall eds., University of Minnesota Press, 1997, pp. 194-221 참조.

6 "[...] 공로에/ 마땅한 영광을 받으시고 델포이 월계수로,/ 멜로메네여, 기쁘게 제 머리를 묶어주소서."

7 데르쟈빈의 첫 번역은 "뮤즈에게. 호라티우스를 모방하여(К Музе. Подражание Горацию)"라는 제목으로 1798년에 발표 되었고, 이후 1808년 모음집에 수록될 때는 제목이 "기념비(Памятник)"로 바뀌었다.

그대의 육체는 여기 있는데, 혼은 여기 없구나.

혼은 대체 어디 있는가? - 저기, - 저기가 어디인가? - 우리는 알 수 없다.

육체는 있으나 혼은 없고, 사실만 남긴 채 수사는 사라진 상황이다. 고인의 주검을 직시한 이 대목은 그 어떤 수사도 들어설 자리 없는 망연자실의 순간을 기록하고 있다. 인간의 죽음은 곧 시어의 소멸을 뜻하는 것도 같은데, 질문은 단 하나다. 어디로 갔는가? 눈으로 확인되지 않는 영혼의 향방을 찾아보지만 그곳이 어디인지 "우리는 알 수 없"고, 그렇기 때문에 불멸성의 논의는 사실상 의미를 잃는다고 봐야 옳다. 데르쟈빈의 결론은, 죽음은 태어나는 순간부터 모두의 운명이니, 슬퍼할 것이 아니라 그 운명을 평온히 받아들여 각자 최후의 순간을 축복하자는 것이다. "죽음의 필연은 높으나/ 낮으나 데려감에 차별이 없다. 모든/ 이름을 담아 항아리를 흔든다"고 했던 호라티우스 송시로의 회귀라고 할 수 있다.

시적 위업을 이룬 시인의 죽음도 예외일 수는 없다. 데르쟈빈은 73년 인생을 마감하기 사흘 전, 침실에 있던 석판 위에 분필로 다음과 같은 8행시를 썼다.

시간의 강은 그 흐름으로
인간의 모든 것을 휩쓸어가고
민족도 왕조도 제왕도 모두
망각의 심연에 가라앉힌다.
혹 리라와 나팔 소리 타고
무언가 남는다면,
영원의 아귀에 집어삼켜져
모두의 운명을 비켜갈 수 없으리라.[8]

---

8 Река времен в своем стремленьи/ Уносит все дела людей/ И топит в пропасти забвенья/ Народы,

데르쟈빈의 절명시는 단 여덟 줄로 호라티우스 송시집 전체를 종합하고 반론해 보인다. 시집의 최후를 예견했던 로마시인의 행적을 좇아 데르쟈빈은 인간-시인으로서 자신의 최후를 예견하는데, 실제 죽음 앞에 선 그의 시각은 철저히 허무주의적이다. 8행시는 인간의 죽음을 다룬 전반부와 시인의 죽음을 다룬 후반부로 나뉘어 얼핏 호라티우스의 대비 구조를 메아리 하고, 시인의 운명을 논한 5-6행에 이를 때까지만 해도 기저텍스트의 논법에 따라 움직이는 듯하다. 하지만 불멸의 선언이 나올 것으로 기대된 마지막 지점에서 시는 뜻밖의 반전을 맞이한다. 불멸 대신 죽음이, 여하의 선전포고(가령 '그러나' 혹은 '그런데'와 같은 반전의 접속사)도 없이, 마치 자동화 된 삶과 수사에 일격을 가하듯 밀어닥치는 것이다.

데르쟈빈이 등장시킨 죽음은 "시간의 강"에 휩쓸리고 "망각의 심연"에 가라앉는 길고도 깊은 관념의 알레고리와 달리, "영원의 아귀"에 집어삼킴 당하는 끔찍한 '순간'의 재앙으로 묘사되어 있다. "영원의 아귀"가 비록 알레고리적 비유이기는 하나, 그것은 고전주의 시대의 삼문체론(상·중·하문체의 위계질서)에 비춰볼 때 상문체('영원')와 하문체('아귀')가 뒤섞인 이형(異形)이다. 그 묘사 또한 사실적이다 못해 동물적이며, 따라서 "시간의 강"으로 정중히 말문을 연 시에서는 허용될 수 없는 반시적 수사이다. 원어로 읽으면 더더욱 실감나는데, "영원의 아귀에 집어삼켜져(То вечности жерлом пожрется)"라는 구절은 시각적으로나 청각적으로나 그로테스크한 폭력의 현장감을 생생히 재현한다. 요컨대 크로노스 신화의 비극에서처럼 "영원의 아귀"에 집어삼킴 당하는 인간은 모두 크로노스(Kronos)를 어원으로 한 '시간'의 자식이자 먹이이며, 위대한 시조차도 그 운명을 비켜가지는 못할 것이다. 그러므로 시는 "청동보다 영원할 기

царства и царей./ А если что и остается/ Чрез звуки лиры и трубы,/ То вечности жерлом пожрется/ И общей не уйдет судьбы. (1816)

념비"가 아니라 '석판 위의 분필 자국'에 불과하다.

"청동보다 영원할 기념비"가 문학적 수사라면, '석판 위의 분필 자국'은 문학적 사실에 속한다. 석판에 쓴 송시를 남기고 죽어간 데르쟈빈의 최후 또한 단순한 전기적 사실을 넘어 문학적 사실이라 할 수 있다. '문학적 사실'은 문학과 현실의 경계 변화를 적시했던 러시아 형식주의 개념으로,[9] 일상에서 낯설어진 사실, 즉 문학화 된 사실을 일컫는다. 문학적 사실은 리얼리즘이 추구한 '사실로서의 문학'과 차별되는 '문학으로서의 사실'을 말하며, 문학 방법론을 떠나 수용론의 차원에서 정의되고 다루어져야 할 성질의 것이다. 죽어가는 데르쟈빈이 반드시 문학을 염두에 두고 석판 송시를 쓰지는 않았겠지만, 만약 그것이 작가가 만들어낸 '전기적 전설'로 남아 하나의 텍스트로 읽혀진다면, 그 죽음은 문학적 사실이다.[10] 바로 그런 의미에서 마야콥스키는 예세닌이 피로 쓴 마지막 시(「안녕, 나의 친구, 안녕...」, 1925)를 두고 그 시를 통해 "예세닌의 죽음은 문학적 사실이 되어버렸다"고 단언했었다.[11] 그리고 데르쟈빈이 호라티우스 시의 문학적 수사를 자신의 문학적 사실(죽음)로써 답했던 것과 마찬가지로, 마야콥스키는 문학적 사실이 되어버린 예세닌의 자살을 결국 또 하나의 문학적 사실인 자신의 자살로써 답했다.

---

9 '문학적 사실(Литературный факт, literary fact)'은 형식주의자 트이냐노프가 동일 제목의 논문을 소비에트 아방가르드 잡지 레프(Леф) 2호(1924년)에 발표한 이후 시대적 유행어가 되었다. Ю. Н. Тынянов. Литературный факт. // Поэтика-история литературы · кино. Л., 1977. С. 255-269.

10 형식주의자 토마셉스키에 의하면 작가 자신이 만들어낸 전기적 전설만이 '문학적 사실'이 된다. B. Tomashevskii, "Literature and Biography," *Readings in Russian Poetics*, Matejka and Pomorska eds., MIT Press, 1971, p. 55.

11 В. Маяковский. Как делать стихи. // Полное собрание сочинений. М., 1935-1937. Т. 12. С. 129.

II. 문학적 사실로서 푸슈킨의 죽음

시인의 죽음이 문학적 사실로서 해석되고 계승되는 전통의 시원에는 러시아 문학의 영원한 원형인 푸슈킨이 있다. 일찍이 데르쟈빈에 의해 천재성을 인정받고 그의 뒤를 이어 고전주의에서 사실주의에 이르는 러시아 문학의 황금기를 이끌어간 푸슈킨은 자신의 문학과 삶을 통해 러시아 문학의 기저텍스트를 마련해주었는데, 특히 그의 죽음이 일으킨 사회적 반향은 이후 시인의 죽음 일반에 대한 러시아 특유의 집단의식과 사회의례를 기초하게 된다.

푸슈킨도 호라티우스의 기념비 시를 번역했다. 그것도 생의 거의 막바지에 이르러 번역했기 때문에 마치 자신의 죽음과 시적 불멸성을 앞서 알고 예언한 듯도 하다. 그러나 데르쟈빈이 그러했듯, 푸슈킨의 기념비 시는 수사적 차원의 선언이었을 뿐, 그가 실제로 예견하고 기술한 내용은 불멸의 시학과는 전혀 다른 것이었다.

낭만주의 시대의 다른 시인들과 마찬가지로 푸슈킨은 죽음에 관한 시를 적지 않게 남겼다. 리세 시절의 장난기어린 패러디로부터 자연적 순환 법칙을 성찰한 말년의 깨달음에 이르기까지 푸슈킨이 보여준 죽음관은 증폭이 클 뿐 아니라 양 극단 사이에서 일정한 진화 과정을 보여준다. 예컨대 "여기 푸슈킨 묻혀 있도다. [...] 선한 일을 행하지는 않았어도, 영혼만은,/ 아무렴, 선한 자였노라"(「나의 묘비명」, 1815)라던가 "어느새 내 불꽃은 꺼져,/ 나는 차가운 무덤으로 내려가네./ [...] 고통스런 마지막 싸움으로 겨우겨우 숨 쉬며,/ 그대들에게 말하노니. 오 친구여! 나 사랑했노라!..."(「애가」, 1816)와 같은 초기의 상투적 아이러니가 죽음과의 거리감에서 나온 문학적 포즈였다면, "네게 자리를 내어주노라. 나는 썩고 너는 꽃피울 때이니"(「소란한 거리를 지나...」, 1829)라던가 "내 슬픈 석양에/ 사랑의 작별 미소는 비추이겠지"(「애가」, 1830)와 같은 순응과 수용의 태도는 치기어린 낭만적 시인의 포즈를 떨쳐낸 말년의 고백이다.

시인의 죽음과 관련하여 러시아 문학사상 가장 결정적 전범이 될 대목은 다름 아닌 그의 대표작 『예브게니 오네긴』에 나온다. 푸슈킨은 작품에 등장하는 낭만적 시인 렌스키의 죽음을 어떻게 묘사할 것인지 고민했던 듯하다. 진부한 클리셰나 형식을 지독히도 싫어했던 푸슈킨은 다양한 수사로써 시인의 죽음을 교차 묘사한 후 종국에는 그 모든 수사의 허상을 드러내는 해체주의적 서술 방식을 취했다. 가령 결투 전날 '낭만주의자' 렌스키가 자신의 죽음을 예견하는 감상적 수사법은 다음과 같다.

그러나 난 - 어쩜 무덤의
비밀스러운 그늘 아래 내려가리니,
그러면 젊은 시인의 기억일랑
유유한 레테 강이 삼켜버리고,
세상은 나를 잊겠지. 허나 그대
아름다운 처녀여, 그대는
때 이른 묘석을 찾아와 눈물 흘리며
생각해 주려는가. 그는 나를 사랑했다고,
폭풍 같은 삶의 슬픈 새벽을
그는 오직 나에게만 바쳤노라고!... (VI:22)

그런데 실제 현실은 시인의 애틋한 감상과는 정반대로 드러난다.

시인이 죽었다... 허나 그는 이미
모두에게 잊혔고, 약혼녀는 이미
다른 남자 품으로 갔다.
푸른 하늘 위의 연기처럼

시인의 기억은 사라져버린 것이다. (VII:14)

시인 렌스키의 최후는 혹은 고전적 수사법에 입각하여 이렇게 비유되기도 한다.

그는 이미 저 세상 사람. 젊은 시인은
때 이른 종말을 맞았노라!
폭풍이 휘몰아쳐, 아름다운 꽃 한 송이
여명 속에 시들고,
제단 위의 불길은 꺼졌나니!... (VI:31)

정작 푸슈킨의 최종 선택은 낭만적 수사도 고전적 수사도 아닌, 리얼리즘의 '마이너스 수사법'이었다.[12] 앞서 언급된 데르쟈빈의 애도시에서처럼, 푸슈킨이 기술한 죽음의 실상에는 시적 수사가 배제되어 있다. 죽음은 이제껏 상상했던 온갖 관념적 형상과 달리 다만 피 흐르고 심장 뛰던 한 생명의 종식으로 실감될 따름이다.

그는 움직임 없 누워 있었고, 이마 위의
지쳐 버린 평화는 기묘한 것이었다.
총알이 관통한 가슴 아래 상처로
붉은 피가 김을 내며 흘러나왔다.
한 순간 전만 해도

---

12 '마이너스 수사(минус-прием)'는 유리 로트만이 소개한 용어로, 기법을 사용하기보다는 배제함으로써 만들어지는 문학적 장치 효과를 의미한다.

이 심장 안에서는 영감과
적의와 희망과 사랑이 솟구쳤건만,
생명이 뛰놀고 피가 끓었건만, --
이제는, 마치 텅 빈 집처럼,
그 안의 모든 것이 고요하고 캄캄한 채
영원히 고동을 멈추었도다.
굳게 닫힌 덧문, 백묵으로 칠해진
유리창. 그곳에 주인은 없다.
어디로 갔는지는 알 길도 없이 흔적마저 사라졌다. (VI:32)

인간-시인의 주검 앞에 선 푸슈킨은 "신성한 시의 꿈은 어디 있는가!" (VI:36)라는 식으로 사라진 시를 헛되이 부르지 않는다. 사라진 것은 시가 아니라 인간이고, 멈춘 것은 리라이기 이전에 심장의 고동이기 때문이다. 푸슈킨이 렌스키의 죽음을 통해 보여준 것은 문학적 수사나 문학적 사실 이전의 원초적 사실, 즉 생리학적 죽음이며, 이는 문학적 사실이 전기적 사실을 선행할 수 없다는 자명한 논리의 소산이기도 하다. 인용된 시연에 "텅 빈 집처럼"이라는 한 건의 직유가 등장하기는 하지만, 그것은 당시로서는 너무나 생경했던, 말하자면 반수사적인 '마이너스 수사'였다.[13]

그런데 러시아 문학의 비극적 아이러니는, 허구적 사실로 그쳤어야 할 시인 렌스키의 죽음이 시인 푸슈킨의 때 이른 죽음에 의해 결국 전기적 전설로 자리 잡았다는 데 있다. 시인의 죽음을 당대의 클리셰로부터 해방시킨 푸슈킨이 자신의 죽음으로 문학 속 죽음을 실연하고, 그것을 단초로 하나의 사회 현상과 문

13 바로 그런 이유에서 "텅 빈 집"의 비유는 감식력 있는 시인 뱌젬스키로부터 찬사를 받기도 했다. V. Nabokov, *Eugene Onegin* in 2 vols., Princeton University Press, 1964, Vol II, part 2, p. 54.

학 장르가 탄생했다는 것은 문학사로 볼 때는 행운이지만, 푸슈킨 개인사로 볼 때는 분명 불행이다. 푸슈킨의 죽음과 관련된 전기적 사실은 비교적 단순하다. 그는 37세 때 결투로 죽었고, 발단은 아내의 외도설이었다. 아내의 명예를 지키기 위해 그녀의 연인으로 지목된 남자와 총을 겨눠 죽는 일은 지극히 개인사적 사건이며, '결투'라는 시대적 유행의 불행한 결말에 지나지 않는다.

그러나 문학적 사실이 된 푸슈킨의 죽음은 그렇게 단순치 않다. 우선 그의 죽음은 렌스키의 운명을 재연함으로써 시인 자신이 창조한 전기적 전설이 되었다. 덧붙여 그의 죽음은 개인사를 넘어 사회적 스캔들로 받아들여졌고, 구성원의 공분을 불러일으키는 공적 사건으로 확대되었다. 당대 최고 시인인 푸슈킨이 전제군주사회의 악에 희생되었다는 여론이 일었으며, 특히나 그를 죽인 결투 상대자가 프랑스 인이라는 사실은 서구 외세를 향한 민족적 반감을 자극하기에 족했다. 시인은 군주를 위시한 상류 사회의 악의에 의해 결투로 내몰렸다는 음모설마저 떠돌았다. 치명상을 입고 죽어가는 시인의 상태 보고서가 시시각각 그의 저택 문 밖에 게시되면서 군중의 분노어린 흥분감은 마치 카운트다운 하듯 매순간 증폭해갔고, 결국 폭동의 우려 속에 장례식은 페테르부르그가 아닌 시골 영지에서 몰래 치러져야 했다. 그리고 시인이 죽은 지 얼마 되지 않아 '복수'를 외치는 한 편의 선동시가 페테르부르그 전역에 떠돌기 시작했다.

시인은 죽었다! - 명예의 포로인 그가 -
세간의 비방 속에,
가슴엔 총알을 품고 복수를 갈구하며
쓰러졌다, 그 당당한 머리를 떨군 채!
[...]
복수를, 군주여, 복수를!
[...]

당신들의 검은 피 전부로도

시인의 정의로운 피를 씻어낼 순 없으리!

스물세 살의 레르몬토프가 쓴 「시인의 죽음」(Смерть поэта, 1837)이다. 푸슈킨의 사망 소식을 듣자마자 쓰기 시작했다는 이 격문시에서 레르몬토프는 정의로운 시인의 살해범으로 저열한 궁중 귀족 무리를 지목했고, 자유의 말살을 비극의 실제 원인으로 결론지었다. 죽은 시인은 언제나 정의로우며, 그를 죽게 한 사회는 언제나 죄인이라는 공식이 성립되는 순간이었다. 이 시 한 편으로 젊은 시인은 푸슈킨의 계승자라는 명성과 동시에 카프카즈 유배의 '영예' 또한 획득하게 되는데, 모두 푸슈킨 사망 한 달 이내에 벌어진 일이었다. 그리고 러시아의 바이런을 자처하던 레르몬토프는 4년 후인 1841년, 자신 또한 결투로 짧은 생을 마침으로써 명실상부한 제2의 푸슈킨으로 자리매김 했다.

'시인의 죽음' 혹은 '죽어가는 시인'의 토포스는 유럽 낭만주의 시대를 통틀어 유행한 애가적 주제 중 하나이지만, 러시아 문학이 직접 경험해온 시인의 죽음에는 유럽 낭만주의 문학의 클리셰에서 벗어난 특이점이 눈에 띈다. 유럽 낭만주의가 탐닉한 시인의 죽음은 불우한 천재 시인의 아까운 죽음으로 집약될 수 있다. 원고 더미 다락방에서 음독자살한 채 주검으로 발견된 토마스 채터튼(당시 17세)이 그 전범으로, 헨리 월리스가 붓으로 기록한 미소년의 죽음은 많은 낭만주의 시인들의 작품 소재가 되었고, 더 나아가 영국 낭만주의 운동의 상징으로까지 일컬어졌다. 여기에 낭만주의 시대가 품었던 '아름다운 죽음'의 관념까지 덧보태져, 시인의 죽음은 곧 '아름다운 시인의 때 이른 종말'이라는 전형성을 통해 애도되고 미화되어 왔다.[14]

---

14 채터튼의 죽음과 문학적 신화에 관해서는 L. J. Kaplan, *Thomas Chatterton: The Family Romance of the Imposter-Poet*, Berkeley, 1987, pp. 13-32 참조. 낭만주의 시대의 '아름다운 죽음'에 대해서는 Philippe Ariès, *The Hour of Our Death*, H. Weaver trans., Oxford University Press, 1981, pp. 409-

반면, 러시아 문학에서 그 같은 낭만적 전형성은 낭만주의자인 푸슈킨 자신의 문학과 삶을 통과하며 철저히 부정되었다. 우선 작품에 투사된 렌스키의 죽음이 '아름다운 시인의 때 이른 종말'과 차이가 있다. 시인이 맞이한 전기적 최후 또한 아름다운 죽음의 낭만적 상투성과는 거리가 멀다. 푸슈킨이, 그리고 그 이전에 이미 데르쟈빈이, 기초한 시인의 죽음은 상투적 수사가 아닌 민낯의 냉혹한 실체 그대로이며, 푸슈킨의 죽음으로 대표된 낭만적 시인의 죽음에는 '아름다운 죽음'이라거나 '불멸하는 시' 같은 클리셰 대신 '공적 사건'으로서의 의미가 표면에 부각되어 나타난다. 그 뒤를 잇는 시인들의 죽음도 일단 사회적 상실이자 공공의 책임으로 각인되려는 관성을 지니게 되어 있다. 츠베타예바의 격앙된 표현을 빌자면, 러시아에서 "모든 시인의 죽음은, 설령 자연사라 할지라도, 대자연에 대한 역행이자 살인"이 되는 것이다.[15]

III. 그리스도의 죽음과 시인의 죽음

시인의 죽음에 대한 사회적 책임의식이 푸슈킨의 죽음을 계기로 발현된 것은 사실이지만, 러시아 문화에 내재된 어떤 속성이 그것을 추동했는지는 좀 더 따져볼 필요가 있겠다. 러시아 문학에서는 '그리스도의 죽음'과 '시인의 죽음' 사이에 묘한 겹침 현상이 보인다. 우선 러시아 문학의 뿌리가 기독교 전통이다. 988년에 기독교를 국교로 받아들여 문자를 제창한 후 서구 근대문학이 유입되기까지 근 7세기 동안의 러시아 문학은 종교적인 내용과 형식을 근간으로 하는

474 참조.

15 M. Tsvetaeva, *Letters: Summer 1926*, Y. Pasternak et als. eds., M. Wettlin & W. Arndt trans., Harcourt Brace Jovanovich, 1985, p. 90.

것이었다. 기독교 이전의 문헌 문학은 없고, 근대적 의미의 세속 문학은 외부 영향 하에 17세기 말~18세기의 단시간 내 압축적으로 형성되었다. 직업 작가 개념도 푸슈킨에 이르러서야 간신히 등장한 것으로, 낭만주의 시대의 시인 푸슈킨에게 시의 원천은 '신의 목소리'였다. 광야를 방황하던 시인이 천사를 만나 "예언자의 눈"을 뜨고 하나님의 전령이 된다는 내용의 「예언자」(Пророк, 1826) 시는 '푸슈킨'이라는 이름의 절대 권위와 함께 러시아 문학의 정신적 기원을 말해주는 바탕 텍스트로 널리 기억되어 왔다.

시체처럼 광야에 누운 나를
신의 목소리가 불렀다.
"일어나라, 예언자여, 보라, 들으라,
그리고 내 뜻을 행하라,
온 바다와 땅을 돌며
언어로 사람들의 가슴을 불태우라."

푸슈킨 시의 시인은 희생양이자 구원자이다. 그리고 무엇보다 다시 태어난 자이다. 신의 목소리로 부활하기 위해 그는 일단 죽어야 하는데, 그 죽음이 실로 무섭고 고통스럽다. 여섯 날개 달린 세라핌 천사는 꿈처럼 가벼운 손길로 그를 건드려 무시무시한 굉음을 일으키고, 그의 혀를 뽑고, 그의 박동하는 심장을 도려낸다. 그리하여 죄 많은 인간이 죽어 새로운 삶이 시작되면 그때 비로소 시(문학)가 등장하는 것이다. 하나님의 필사(*scriba Dei*)인 시인은 '신의 뜻'을 행하는 자이며, 진리의 언어로써 세상을 구원하는 소명을 지니고 있다. 그 점에서 시인과 그리스도는 공동의 운명체로 겹쳐진다.

시인 블라디슬라브 호다세비치의 표현대로(이 또한 푸슈킨에게서 온 것이지만)

> 러시아 사회와 작가들은 "피 젖은 양식(кровавая пища)"이라고 할 죽음의 계약 관계 같은 것에 참여해왔다. 그 계약에 타협의 기미는 존재하지 않는다. 시인/순교자는, 그리스도처럼, 보다 높은 이상(러시아 문화, 러시아 시어)에 봉사했다는 이유로 박해받고 끝내 죽임 당하는 한편, 사회는 십자가 아래 선 본디오 빌라도나 로마 병정의 역할을 수행한다. 이 논리에 따르면, 박해자에게는 달리 행동할 여지가 없다. 그들은 신성한 인물을 죽음에 이르게 함으로써 보다 큰 섭리를 이행하고 있을 뿐이다. 즉 그리스도적 인물로 하여금 자신의 희생을 통해 그들을 구원할 수 있도록 기회를 주는 것 말이다.[16]

푸슈킨 시대에 합의를 이룬 이 '계약' 관계에 따르면, 시인에게는 애초부터 '성인' 혹은 '순교자'의 숙명이 예정되어 있다. 이는 종교적이고 낭만적인 상징이 아니라 지극히 현실적인 차원의 사실이다. 러시아의 강력한 전제군주와 한낱 그 시녀로 전락해버린 관료·종교 집단의 압제 하에서 제도권 밖 언로는 문학뿐이었다. 자연히 거짓과 억압에 맞서고, 불의와 싸우고, 고통 받는 다수를 위해 자기 자신을 바쳐야 할 사회적 임무는 문학가 몫으로 남게 된 것이다.[17] 그러므로 러시아의 시인은 실제로 그리스도와 같은 역할을 수행해왔다고 볼 수 있다. 최소한 그렇게 기대되어 왔다. 근대로부터 현대에 이르는 러시아 역사 상 문학이 진리와 자유의 편에서 절대적 영향력을 행사할 수 있었던 것은 그런 자명한 이치에서다. 러시아에서 "시인은 시인 이상의 존재"(옙투셴코)라거나 "위대한

16 D. M. Bethea, "Literature," N. Rzhevsky ed., *The Cambridge Companion to Modern Russian Culture*, Cambridge University Press, 1998, p. 167-168.

17 아나키스트 크로포트킨은 억압된 러시아 사회에서 가장 훌륭한 정신은 시, 소설, 풍자, 문학비평을 통해 사회의 욕망과 이상을 대변해왔으며, 따라서 러시아의 정치·경제·사회적 이상을 이해하려면 정부간행물이나 신문보다 문학 작품을 읽어야 한다고 했다. 1905년 영어로 발간하여 서구사회에 큰 반향을 일으킨 크로포트킨의 러시아문학사 개설 서문에 나오는 내용이다. P. Kropotkin, *Ideals and Realities in Russian Literature*, Alfred A. Knopf, 1916, p. v-vi.

작가는 제2의 정부”(솔제니친)라는 말이 공리처럼 통용될 수 있었던 것도 그런 배경에서다.

따라서 시인(작가)의 죽음은 당연히 인간 개인의 죽음 이상이어야 한다. 민중의 입장에서 보면 그의 죽음은 자신들의 비극이고, 츠베타예바 말을 반복하건대, 그것이 “설령 자연사라 할지라도, 대자연에 대한 역행이자 살인”인 공분의 사건이다. 그리고 이 같은 관념 틀을 받쳐주는 실례로서 러시아에는 불행하게 죽어간 시인이 많다. 특히 위대한 시인의 경우 자연사가 드물 정도다. 러시아 최초의 반체제 작가 라디슈체프는 시베리아 유형과 자택 감금 이후 자살했는데, 그의 죽음은 “투쟁의 행동이자, 애국적 강인함과 불굴의 자유애를 가르치는 교훈”[18]으로 여겨졌다. 시인이기 이전에 ‘시민’이기를 자처하며 12월당 운동을 주도했던 르일레예프는 당당히 교수형 당함으로써 혁명 영웅의 모범이 되었다. 처형대에 나가는 마지막 순간 그의 손에 들려 있던 책이 바이런 시집이었다는 설도 있다.[19] 그리보예도프는 외교관 재임 중 이슬람 폭도에 의해 무참히 살해당했고, 바튜슈코프는 고립되어 10년 넘게 정신병을 앓다 죽었다. 푸슈킨과 레르몬토프는 결투로 생을 마감했다.

20세기에 이르면서 러시아 시인의 운명은 더 가혹해진다. 우선 희생양의 수가 비교도 안 되게 많다. 혁명은 망명과 잔류의 갈림길을 의미했는데, 작가에게 망명은 죽음과도 같은 길이었다. 소비에트 러시아에 남은 이들의 경우, 체제의 도구가 되느냐 예술의 도구가 되느냐의 양갈래 길에서 후자를 택한 시인·예술가는 물론 숙청 대상이 되었고, 전자를 택했던 쪽의 말로도 처형·유형·자살·망명 등 대부분 불우했다. 육체적 죽음에 앞서 사회적으로 매장 당한 블록, 총살당

18 Ю. М. Лотман. Поэтика бытового поведения в русской культуре XVIII века. // Избранные статьи в трех томах. Тарту, 1992. Т. 1. С. 265.

19 P. Collins, *Thomas Cooper, The Chartist: Byron and the ‘Poets of the Poor’*, University of Nottingham, electronic edition, 2009, p. 21.

한 구밀료프, 호텔 방에서 자살한 예세닌, 권총 자살한 마야콥스키, 수감 중 병사한 만델슈탐, 목 매 죽은 츠베타예바 등, 주요 시인들은 모두 비운의 최후를 맞이했고, 파스테르나크와 아흐마토바처럼 살아남은 경우 동료 시인/가족의 죽음을 증언하고 책임지는 고통의 대변자 역할을 도맡아야 했다.

사실 세계문학사를 통틀어 시인의 죽음은 대체로 행복하지 않고 또 자연스럽지도 않아 보인다. 그렇지 않다면 애초에 '시인의 죽음'이라는 형용이 필요치도 않았을 것이다. '영웅의 죽음'이라던가 '신의 죽음'이 비범한 것과 마찬가지다. 다른 무엇보다도 시인의 죽음은 창조자의 죽음이라는 원천적 딜레마를 안고 있고, 그 면에서 그의 죽음은 신의 죽음과 흡사하다. 생명력과 불멸성을 노래하던 시인의 죽음은 그 자체가 자기배반이고 절망이며, 다수를 위한 재능의 소멸이라는 점에서 집단적 애도의 대상이 되어 마땅하다. 그래서 생겨난 것이 시인의 죽음을 다룬 애도시, 기념비, 기념행사의 전통이다. 그중에서도 애도시 전통은 죽은 시인을 시로써 되살리고, 그 작업을 통해 시업을 이어가려는 계승의 의미를 지니는데,[20] 결국 시를 쓴다는 것(문학을 한다는 것)이 시간의 폭력에 대한 저항이자 죽음에 대한 반격이라는 생각에 시인들은 근본적으로 동의해왔다.

글 쓰는 기쁨.
보전하는 힘.
죽어야할 손의 복수.[21]

그런데 이 같은 애도 전통 안에서도 러시아 사회의 현상은 각별한 주목을 요

20 시인의 애도시 전통을 연구한 립킹은 일반적 의미의 애가와는 차별되게 죽은 시인에 대한 평가와 비판과 계승 관계에 치중한 시를 통틀어 '묘비시(tombeau)' 개념으로 분류했다. L. Lipking, *The Life of the Poet: Beginning and Ending Poetic Careers*, University of Chicago Press, 1981, pp. 138-191 참조.

21 W. Szymborska, "The Joy of Writing."

한다. 푸슈킨 이후 시인의 죽음에 대한 집단의식과 대응 방식은 일종의 문화적 행위 장르로 자리 잡아 일관된 패턴의 전통의례로서 보전되어왔다. 푸슈킨의 죽음을 둘러싼 공동체 의식이 푸슈킨 신화의 토대가 된 것처럼,[22] 시인의 죽음은 러시아라는 다민족 대국을 하나의 문화공동체로 엮어주는 신화적 도구가 되었다고 보면 된다. 그 공동체정신의 기본 요소가 희생양으로서의 시인, 그리고 박해자(사회)의 집단 죄의식이다. 순교자-시인에게 행해진 폭력의 죄책감이 사회적 합의를 이루게 될 때, 시인의 죽음은 그리스도의 죽음과 호환 관계에 놓인다. 실제로 사후 2백주년을 맞이한 푸슈킨이 '구세주(спаситель)'로 일컬어질 수 있었던 것은 러시아 민중의 과대망상적 연극성 때문이기보다는(물론 군중에게는 그런 측면이 없지 않다), 2백 년 전 시인이 사회적 핍박 아래 "정의로운 피"를 흘렸다는 믿음의 근거 때문이었다. 마찬가지 이유에서 러시아 민중은 소련 정부와 사회의 탄압으로 망명한지 20년 만에 돌아온 솔제니친을 '메시아'로 환영하며 자신들이 범한 죄의 용서를 빌었던 것이다.

몇 가지 예를 더 들겠다. 예세닌이 자살했을 때 추도사를 읽은 루나차르스키는 "아 우리는 한 사람의 세료쟈[예세닌의 애칭]조차 구할 수가 없었다"면서 그의 죽음을 사회적 책임으로 떠안았다.[23] 한편 마야콥스키 자살 후 로만 야콥슨이 쓴 논문 제목은 "자신의 시인들을 탕진한 세대에 관하여"였다.[24] 야콥슨이 분석한 바로도 시인의 죽음은 그 세대가 짊어져야 할 책임이었다. 마야콥스키의 죽음은 '일상의 폭력에 의한 희생'이었으며, 그의 작품이 무수히 표출해온 죽음의 테마(그리스도적 수난, 권총 자살, 처형, 부활에 이르기까지)는 오직 실제 자

22 "[푸슈킨의 죽음이라는] 비극에 대해 국가적 반응이 있어야 한다는 믿음은 푸슈킨 신화의 토대가 되었다." S. Sandler, *Commemorating Pushkin: Russia's Myth of a National Poet*, Stanford University Press, 2004, p. 9.

23 오장환, 「예세닌에 관하여」, 『오장환전집』, 실천문학사, 2002, 244쪽에서 재인용.

24 R. Jakobson "О поколении, растратившем своих поэтов," *Selected Writings*, Mouton, 1979, Vol. 5, pp. 355-381.

살의 실현을 늦추기 위한 “노출 행위”였던 것으로 해석되었다.

츠베타예바가 마야콥스키의 자살을 “시인이 시민을 살해한 케이스”[25]로 결론지은 것도 유사한 맥락에서다. 츠베타예바 역시 그로부터 머지않아 자살을 감행하는데, 마야콥스키의 죽음을 두고 쓴 글은 마치 자신의 최후에 대한 변론처럼 읽혀진다. 다음은 그녀의 글 「양심의 빛에 비춘 예술」 중 한 대목이다.

12년 내내 믿음과 진실로써 몸과 영혼을 다 바쳤던 블라디미르 마야콥스키는 -

시인으로서의 내 우렁찬 힘 전부를
나는 너, 돌격하는 계급에게 바치리라!

서정시보다 더 막강한 서정의 총탄으로 목숨을 끊었다. 12년 내내 인간 마야콥스키가 자신 안의 시인 마야콥스키를 죽여 왔지만, 13년째 이르렀을 때 시인은 힘차게 일어나 인간을 죽였다.

만약 이 삶에 자살이라는 것이 있다면, 그것은 우리가 눈으로 보는 그곳에 있는 게 아니다. 그것은 방아쇠를 당기는 순간에 이루어진 것이 아니라, 삶의 12년이란 기간 동안 진행되어온 것이다.

푸슈킨에게 가해졌던 그 어떤 군주의 검열도 블라디미르 마야콥스키가 자기 자신에게 가한 것만큼 가혹하진 않았다.

만약 이 삶에 자살이라는 것이 있다면, 그것은 하나가 아니라 둘이며, 둘 다 자살은 아니다. 왜냐하면 첫 번째 것은 승리이고, 두 번째는 축제이기 때문이다. 자연의 승리와 자연의 찬미.

---

25 М. Цветаева. Эпос и лирика современной России. Избранная проза в двух томах 1917-1937. Russica Publishers, 1979, Т. 2. С. 23.

그는 인간답게 살았고, 시인답게 죽었다.[26]

일찍이 혁명시인 르일레예프는 시인이기 전에 시민이기를 자처하며 처형당했다. 그것은 현실이 예술을 억압은 할지언정 강제하지 못했던, 즉 실제로는 예술이 삶을 주도해나갔던 19세기 낭만주의 시대의 전형적 반항 양식이었다. 르일레예프는 시인일 수 있었기에 시민으로서의 길을 택한 것이다. 그가 처형 전 쥐고 있던 책이 바이런 시집이었다는 사실은 그 같은 아이러니의 단적인 증거이며, 19세기 혁명운동의 뿌리 자체가 실은 낭만주의 문학 정신이었다.

그와 반대로, 20세기 소비에트 혁명의 뿌리는 문학이 아닌 정치였고, 예술정신을 부정하는 유물론이었다. "푸슈킨에게 가해졌던 그 어떤 군주의 검열도 블라디미르 마야콥스키가 자기 자신에게 가한 것만큼 가혹하진 않았다"고 츠베타예바는 쓰고 있다. 체제(일상의 삶)가 예술을 주도하고 말살하던 시대에 감행된 마야콥스키의 자살은 '시인의식'의 마지막 절규였으며, 삶에 대한 예술의 최후 저항이었다는 것이 츠베타예바 식 해석이다. 마야콥스키의 죽음이 '일상의 폭력에 의한 희생'이라고 볼 때의 그 '일상'은 그가 유서에서 언급한 세금 청산이나 혁명 슬로건 같은 사사로운 일상사를 떠나, '시인'으로서의 삶이 허용되지 않던 사회현실 자체를 의미한다. 그러므로 마야콥스키가 "인간답게 살았고, 시인답게 죽었다"는 츠베타예바의 역설은 "자신의 시인들을 탕진한 세대"에 대한 고발이나 다름없었다. 그것은, 한 걸음 더 나아가, 인간(시민)과 시인의 삶은 쉽게 양립되지 않는다는 비극적 운명의 재확인이기도 했다.

---

26 Цветаева, Исткcство при свете совести. Избранная проза в двух томах. NY., 1979. Т. 1. С. 405-406.

IV. 시인의 주검과 부활

야콥슨의 해석대로 마야콥스키의 자살이 15년간 지속된 문학적 자살의 실현이라면, 결국 죽음이야말로 문학의 완성이고, 살아서 미처 끝내지 못한 미완성 습작시의 완결본이라는 해석이 가능해진다.

> 예술가의 죽음은 그의 예술적 성취의 사슬에서 제외시킬 것이 아니라, 그것의 마지막 완결 고리로 간주되어야 한다.[27]

만델슈탐은 푸슈킨의 죽음을 염두에 두고 그런 말을 했다. 시인의 죽음을 문학의 '마지막 완결 고리'로 간주하면서 그의 죽음까지를 텍스트로 읽어내려는 관습이 러시아 문학사에서는 어느 특정 시인에 국한하여, 또는 어느 특정 집단(가령 문학 비평·연구) 내에서만 행해진 것이 아니다. 앞에서 확인했듯, 시인의 죽음이 문학적 행위의 텍스트로 장르화 하고, 그것이 사회구성원 사이에서 공적 사건으로 의례화 하는 것은 러시아 특유의 문화 현상이다. 페레스트로이카 이후 서구자본주의의 물결에 문학이 침몰했다고는 하나, 문학에 바쳐지는 절대적 존중의식, 특히 작가·예술가의 죽음에 할애되는 기억과 기념의 관례는 여전히 유효해 보인다. 호라티우스는 자신의 시로써 불멸의 기념비를 세웠다고 했지만, 러시아 시인의 불멸은 시가 아니라 죽음의 행위에 의해, 그리고 그 행위에 부여되는 사회적 의미의 지속력에 의해 실현되어왔다.

마야콥스키의 주검을 보고 파스테르나크는 "그것은 삶을 끝내는 것이 아니

27 О. Мандельштам. Пушкин и Скрябин. Собрание сочинений в трех томах. NY., 1971. Т. 2. С. 313.

라 시작하는 표정이었다"고 묘사한 바 있다.[28] '에트나 화산의 폭발'과도 같았던 그 죽음의 현장에서 파스테르나크가 추적한 것은 마야콥스키가 처음 시인이던 시절 예언한 바대로의 "스물 두 살의 아름다운" 얼굴이었다.[29] 앞서 인용된 츠베타예바의 직감적 판단을 입증이라도 하듯, 파스테르나크는 마야콥스키라는 인간의 주검에서 시인의 부활을 보았던 것이다. 기억하건대, 푸슈킨이 자신의 작품에서 묘사했던 시인(렌스키)의 주검은 철저하게 탈신비화 되고 탈수사화 된 '움직임 없는 신체'("텅 빈 집")였고, 그 앞에서 부활의 언급은 가당치도 않아 보였다. 그러나 그렇다고 해서 러시아 시인들이 부활의 믿음 자체를 거부했다고는 볼 수 없다.

다시 한 번 푸슈킨과 관련된 전기적 사실로 돌아와, 시인의 임종 직후를 주목하고자 한다.

> 그는 움직임 없이 누워 있었다. 힘든 노동을 마친 듯
> 두 팔을 내려뜨린 채. 조용히 고개 숙여
> 홀로 서서 오래 동안 내려다보았다. 주의 깊게
> 죽은 자와 얼굴을 맞대고 쳐다보았다. 두 눈은 감겨 있었다.
> 내게는 너무도 익숙한 얼굴이었고, 눈에 띄는 건,
> 그 얼굴의 표정이었다. 생전엔 단 한 번도 보지 못했던

---

28 "그는 얼굴을 벽 쪽에 향하고 옆으로 누워 있었다. 음울한 표정의 킨 큰 그가 시트를 턱까지 덮고, 잠자는 사람 마냥 반쯤 입을 벌린 채 누워 있었다. 거만하게 모두로부터 등을 돌린 그는 누워서조차, 잠들어서조차 굳세게 어디론가 뛰쳐나가고, 어디론가 떠나가고 있었다. 살아서는 여간해선 손에 잡히지 않던 그의 작위적 표정을 죽음이 굳혀버렸기에, 얼굴은 그가 자신을 "스물 두 살의 아름다운"이라고 했던 그 시절로 돌아와 있었다. 그것은 삶을 끝내는 것이 아니라 시작하는 표정이었다." Б. Пастернак. Охранная грамота. // Собрание сочинений в пяти томах. М., Т. 5. С. 237.

29 파스테르나크는 마야콥스키의 죽음에 대해 쓴 시 「시인의 죽음」에서 그의 권총 자살을 에트나 화산의 폭발에 비유했다. "쑥덕공론 위에 자리를 깐 채, 너는 자고 있었다./ 자고 있었고, 한 바탕의 진동을 끝낸 너는 고요했다, -/ 네 삼부작이 예언했듯,/ 스물 두 살의 아름다운 네가.// [...] 너의 총 한 발은 에트나 화산과도 같았다./ 겁쟁이들의 산기슭에서 터져 나온." Пастернак. СС. Т. 1. С. 390.

표정. 그 얼굴 위로 영감의 불길은
타고 있지 않았다. 예리한 재기도 빛나지 않았다.
아니었다! 그러나 그 어떤 생각이, 깊고 높은 생각이
그 얼굴을 감싸고 있었다. 그 찰나의 그는
무언가를 보고 있는 것만 같았다.
그에게서 무언가가 이루어진 것만 같았고, 난 묻고 싶었다. 무엇을 보는가?[30]

푸슈킨의 주검을 스케치한 쥬콥스키의 이 시는 아무 형식도 제목도 없이 씌어졌다. '푸슈킨'의 이름도 언급되지 않고 상투적 수사도 등장하지 않는 산문시(blank verse)이다. 맨 처음 두 행은 푸슈킨이 『예브게니 오네긴』에서 렌스키의 죽음을 담담히 묘사했던 스탠자 도입부("그는 움직임 없이 누워 있었고, 이마 위의/ 지쳐버린 평화는 이상스런 것이었다")와 거의 동일하다. 그러므로 이 시신의 주인은 고유명사형 시인(푸슈킨, 렌스키)이 될 수도 있고, 일반명사형 시인이 될 수도 있고, 더 나아가 인간 누구나가 될 수도 있다.

쥬콥스키는 원래 푸슈킨 소유였으나 사용되지 않은 상태였던 앨범을 한 여류시인에게 물려주면서 그 안에 이 시를 적어 주었다. 앨범에 쓴 시는 총 9편으로, 월계수가 된 다프네, 삶의 폭풍에 맞서 죽은 젊은이, 태어나자마자 죽은 아이, 제우스 신상의 조각가, 신의 총애 등 8편의 알레고리 시가 나온 후 맨 마지막에 이르러, 마치 시의 잠에서 깨어나 현실로 돌아오듯, 아무 장식 없이 임종 직후를 차분하게 스케치 한 것이 위의 산문시이다.

푸슈킨의 유품인 앨범에 그의 죽음에 관한 시를 써서 다른 시인에게 물려주는 과정은 당연히 시적 유산의 전승의식으로 풀이된다. 그런데 여기서 주목할 것은 인간-시인의 실제 죽음과 문학화 된 상투적 죽음 간의 격차이며, 그것을 쥬

30 В. Жуковский. Сочинения в терх томах. М., 1980. Т. 2. С. 316-317.

콥스키는 시와 산문, 장식과 무장식의 대비로써 드러내고자 의도했던 것 같다. 죽음은 시의 소재가 아니라 일상의 경험이고, 살아 있는 인간의 수사적 언어만으로는 도저히 아우를 수 없는 거대한 충격의 사건이다. 쥬콥스키는 무려 14쪽에 달하는 장문의 편지로도 시인의 최후를 기록했는데,[31] 편지글 안에는 시인의 마지막 표정에 드리어진 죽음의 신비가 좀 더 상세히 관찰되어 있다.

> 모두들 나갔고, 난 그의 앞에 앉아 그 얼굴을 혼자서 오래 동안 바라보았네. 죽음의 첫 순간에 그의 얼굴 위로 떠오른 그 표정을 난 예전엔 한 번도 본 적이 없어. [...] 그것은 잠도 아니었고 휴식도 아니었어! 살아생전 그 얼굴 특유의 재기어린 표정도 아니었고, 시적인 표정도 아니었어! 아니야! 마치 뭔가를 보는 듯한, 완벽하고 깊고 만족스럽게 뭔가를 아는 듯한, 그 어떤 심오하고도 놀라운 사색이 그 얼굴 위로 뻗어나가고 있었다네. 그 얼굴을 보는 내내 난 이렇게 묻고 싶었지. “친구여, 무엇을 보는가?” 그가 그 순간 부활했다면, 내게 무슨 대답을 했을까? 그것은 우리 삶에서 충분히 위대하다고 일컬어질 수 있는 순간이었네. 그 순간에 난 신성한 비밀인 죽음 자체를, 베일이 벗겨진 죽음을 보았다고 할 수 있어. 죽음이 그 얼굴에 어떤 봉인을 찍어놓았는지, 그 얼굴 위로 죽음의 비밀과 그 자신의 비밀이 얼마나 놀랍게 드러나 있는지를. 그의 얼굴에서 그토록 깊고, 위대하고, 장엄한 생각이 나타난 표정은 한 번도 본 적이 없었다고 단언하네. 물론 그런 생각이 얼굴에 스쳐지나간 적은 전에도 있었지. 하지만 그처럼 완벽한 모습

---

31 결투에서 장례에 이르는 전 과정을 상세히 기술한 쥬콥스키의 편지는 “푸슈킨의 마지막 순간”이란 제목으로 잡지 『동시대인(Современник)』, 1837, 5호에 게재되었다. Жуковский, СС. Т. 3, С. 497-511. 쥬콥스키는 푸슈킨이 죽어간 사흘간을 함께 하며 시인의 상태 변화를 외부에 알렸고, 임종 후에는 홀로 주검을 지키면서 그 모습을 글과 그림으로 남겼다. 시인의 데드마스크를 뜬 것도 쥬콥스키의 생각에 의해서였고, 이후 시인의 집을 실사(實寫)한 것도, 남겨진 원고를 정리한 것도 쥬콥스키였는데, 이 모든 노력은 푸슈킨의 죽음을 ‘시인의 죽음’으로 인증하려는 의지의 발현이었다고 여겨진다. 전 러시아를 대상으로 기획되고 작성된 쥬콥스키의 기록은 향후 푸슈킨의 죽음을 신비화하고 신화화 하는 결정적 단서가 되었다.

으로 드러난 것은 오직 죽음의 손길이 닿아 모든 지상의 것으로부터 그가 분리되던 바로 그 순간이었지. 그것이 우리 푸슈킨의 최후였네.[32]

죽음은 신체적 운동성의 갑작스런 멈춤으로 인식되지만, 그것은 생전에는 한 번도 볼 수 없던 영혼의 움직임과 대비를 이루기 위한 배경처럼 여겨진다. 몸이 생명을 잃음으로써, 즉 쥬콥스키의 말을 빌자면 "오직 죽음의 손길이 닿아 모든 지상의 것으로부터 그가 분리"됨으로써 인간의 죽음은 시인의 죽음의 단계로 올라설 수 있다. 인간으로서의 신체적 죽음을 통과한 후에야 시인은 마침내 '봄(видение)'과 '앎(знание)'의 주체로 재생한다고도 말할 수 있다. 단순히 '이상스런 것'과는 다른 문제인 푸슈킨의 '비밀(тайна)'은 이 지점에서 포착되는데, 그 비밀은 다름 아닌 죽음의 신비이며, 그것은 죽은 시인과 함께 사라지지 않고 승계되는 공공의 몫으로 남는다. 시인은 죽지만, 그의 '비밀'은 러시아가 풀어야 할 수수께끼, 다시 말해 러시아의 운명이 되는 것이다.

푸슈킨은 힘의 완숙기에 죽었고, 물론 몇 가지 위대한 비밀을 무덤으로 가져갔다. 그리고 이제 우리는 푸슈킨 대신 그 비밀을 풀어야 한다.[33]

시인의 죽음이 '문학적 사실'로서 장르화 되고, 순교적 희생으로 애도되고, 더불어 공적 사건으로 의례화 되어온 러시아 전통에서 마지막으로 강조되어야 할 것이 바로 '우리가 대신 그 비밀을 풀어야 한다'는 집단적 동참의식이다. 시인의 죽음은 시인 개인의 소멸로 끝나지 않고 집단의 삶으로 이어진다. 함께함의

32 Жуковский. там же. С. 509-510.

33 Ф. М. Достоевский. Пушкин. // Полное собрание сочинений в 30-и томах. Л., 1972-1990. Т. 26. С. 149.

원칙을 강조해온 러시아 정교의 공동체관(соборность)에 따라 '그 시인', 여느 시인, 그리고 마침내 모든 인간의 공동 운명으로 품어져온 시인의 죽음은 이로써 불멸의 역사를 형성하게 되며, 그 면에서 시인의 형상은 다시 한 번 그리스도의 형상과 하나가 된다.

동참하는 죽음의 의미를 잘 말해주는 도스토옙스키 소설 장면을 빌려 이 글을 마무리 하겠다. 도스토옙스키의 『백치』에는 죽음 앞에 선 인간의 무수한 고통이 서술되어 있지만, 그 중에서도 가장 극심한 고통의 예증으로 대비되어 등장하는 것이 르네상스 화가 홀바인이 그린 그리스도의 죽음과 도스토옙스키가 묘사한 여주인공의 죽음이다. 죽음의 참상을 실사(實寫)한 홀바인의 「무덤 속 그리스도의 시신」(The Body of the Dead Christ in The Tomb, 1521)을 보고 실제로 큰 충격을 받았던 도스토옙스키는 그때의 인상을 소설의 주요 화두로 담았다.[34] 요는 그처럼 아름다움은 한 치도 들어 있지 않고 오직 죽음의 고통과 추함만이 드러난 인간-그리스도의 주검을 보면서 과연 신에 대한 믿음을 지킬 수 있겠느냐는 것이었다. 소설 속 인물들을 회의와 혼돈과 반항의 소용돌이로 내몰았던 그 의문의 답변으로 제시되는 것이 소설 대단원에 등장하는 여주인공 나스타샤 필립포브나의 주검이다.

> 침대 위에는 누군가 잠들어 그 어떤 움직임도 없이 누워 있었다. 바스락거리는 소리 하나, 가냘픈 숨소리 하나도 들리지 않았다. 잠든 자는 하얀 시트를 머리부터 푹 뒤어쓰고 있었는데, 그 손발이 어렴풋하게 구별될 뿐이었다. 다만 불룩하게 솟아 있는 윤곽을 보고, 거기에 사람이 팔다리를 길게 뻗고 누워 있다는 것만

---

34 스위스 바젤 미술관에서 홀바인의 그림을 본 도스토옙스키는 격심한 충격에 사로잡힌 나머지 거의 간질 발작을 일으킬 뻔 했다고 한다. 안나 그리고리예브나 도스또예프스까야, 『도스또예프스끼와 함께한 나날들』, 최호정 옮김, 그린비, 2003, 234쪽; J. Frank, Dostoevsky: A Writer in His Time, M. Petrusewicz ed., Princeton University Press, 2010, p. 549-550 참조.

알 수 있었다. (『백치』, 4부 11장)

살해당한 여주인공의 주검을 도스토옙스키는 흰 천으로 덮어 가리고 있다. 생전의 그녀는 너무도 큰 고통을 겪음으로써 아름다웠던 사람이다. 이제는 '누군가'의 것이 되어버린 그 여인의 주검, 삶과 죽음의 경계가 사라져 다만 어렴풋한 형태가 되어버린 이 형상은 '죽은 자'가 아니라 '잠든 자', 즉 언젠가는 '깨어날 자'의 윤곽으로 그려져 있다. 그것은 마치 동참을 유도하는 행위의 본보기처럼 눈앞의 광경으로 나타나며, 실제로 소설 속 남자 주인공은 흰 천을 들쳐 시신을 확인하는 대신 그 발밑에 누워 말없이 잠이 든다. 그것이 그녀가 겪었던 고통을 향한 연민과 수용과 동참의 상징적 행위이고, 그것이 결국은 도스토옙스키가 암시하고자 한 믿음의 정의라고 할 수 있다.

"믿음은 바라는 것들의 실상이요 보지 못하는 것들의 증거"라는 성경 구절(히브리서 11:1)처럼, 도스토옙스키의 '그림'은 그리스도의 주검이 던져준 믿음의 화두를 완결 짓는 긍정의 엠블럼으로 읽혀진다. 주검의 신비는 묻고 확인하는 것이 아니라 믿고 재연하는 데 있으며, 거기에 부활의 증거가 있는 것이라면, 이는 러시아 사회가 기려온 '시인의 죽음'의 원리에 다름 아니다. 믿음의 동참 속에 이어져온 그리스도의 죽음과 부활처럼, 러시아 시인은 '시인의 죽음'이라는 문화적 함께함의 '종교' 안에서 죽음과 부활을 거듭해왔던 것이다.

■ 참조

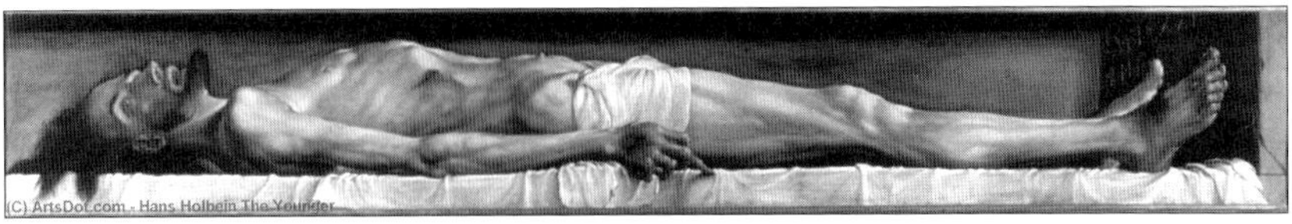

[그림 1] 한스 홀바인, 「무덤 속 그리스도의 시신」(The Body of the Dead Christ in The Tomb, 1521, 30cm x 2m, 템페라. 스위스 바젤 쿤스트뮤지움 소장)

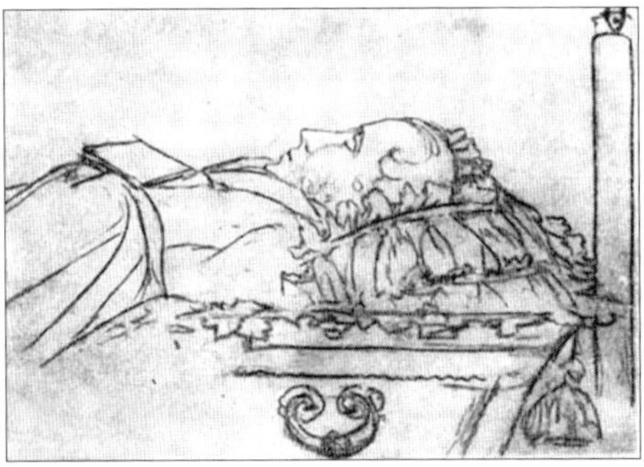

[그림 2] 쥬콥스키, 푸슈킨의 주검 스케치, 1837.

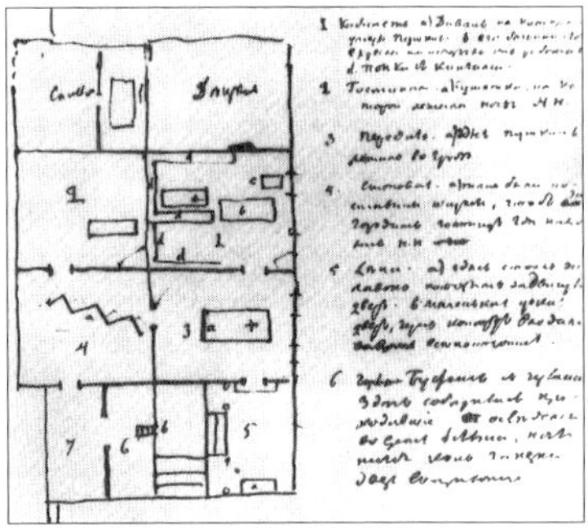

[그림 3] 푸슈킨 사후 쥬콥스키가 실사한 푸슈킨 집 구조, 1837.

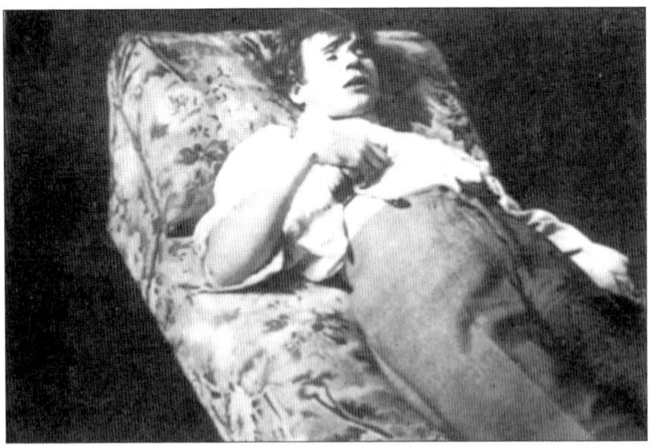

[그림 4]
페테르부르그 호텔방에서 자살한 예세닌, 1925.

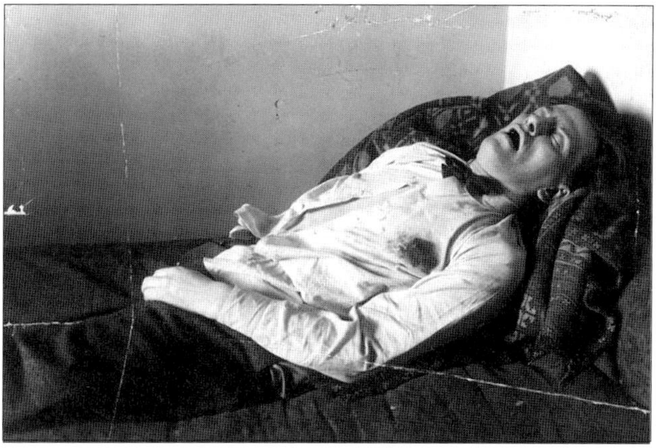

[그림 5]
권총 자살 한 마야콥스키의 주검, 1930.

[그림 6]
마야콥스키 장례식에 참석한 추모 인파. 모스크바.

논평과 토론

시인의 죽음

신경숙(연세대, 영어영문학과)

인간 삶의 유한성은 인간을 초월적 존재와 대비하여 생각할 때, 늘 치명적인 약점으로 이해되었다. 그리스 문학이나 그리스 신화를 기본으로 하는 많은 문학작품 속에서 인간과 신을 가르는 가장 결정적인 차이는 바로 인간이 유한하다는 사실이었다. 신들 사이에도 위계가 있었지만, 신과 인간을 가르는 명확한 차이, 즉 불멸과 필멸이라는 두 영역의 차이는 아무리 주변적인 신이라도 필멸에 속한 인간보다는 우위에 있음을 상기시켜주었다. 싸움에서 상처를 입어도 샘물에 가서 씻기면 하면 감쪽같이 상처를 치유하고, 죽음의 공포 없이 살 수 있는 신들은, 그러므로, 인간을 필멸하는 자, 땅에 속한 자, 흙으로 빚어진 자와 같은 별명으로 부르곤 했다. 그러나 흥미롭게도 <일리아드> 같은 전쟁 이야기 속에서 항상 가장 열심히 싸우는 자들은 필멸하는 인간이다. 죽을 운명을 감지하고도 그들은 열심으로 싸운다. 오래 사느냐 보다, 자기들이 죽은 후에 후세 사람들이 자기를 어떻게 기억할 것인가를 더 중요하게 여겼던 영웅들의 모습은 아킬레우스나 헥토르 같은 인물들에게서 잘 나타난다. 후세 사람들에게 그들의 죽음이 어떻게 기억될 것인가, 전장에서의 행위가 후대인들에게 어떤 영감을 줄 것인가가 그들이 생각하는 "명예"의 척도였다. 즉, 명예란 그들에게, 공중이 자신을 어떻게 받아들일 것인가에 대한 (자)의식이었다. 그러므로 그들은 전쟁

터에서 사력을 다 해 싸워 무훈을 세우려 했다. 육신은 비록 죽음에 바쳐지지만, 그들의 명예는 오래도록 남으리라는 것을 그들은 굳게 믿었던 것이다.

그리스 시대 작품 속 영웅들의 명예에 대한 수사는 이렇게 늘 죽음을 염두에 둔 것이라는 점이 흥미롭다. 유한성을 늘 의식하면서 바로 그 유한성에 맞서 자신들의 삶과 행위의 가치를 극대화하려고 했고, 그 결과 위대함, 훌륭함에 이를 수 있었다. 영광스러운 무훈을 통해 시대를 뛰어넘는 영원성을 추구한 것이 고대의 영웅들이었다면, 글로 이름을 떨쳐서 유한한 삶의 조건을 넘어서고자 한 것은 근대의 작가들이었다. 영문학의 경우 셰익스피어(Shakespeare)를 예로 들어 볼 수 있겠는데, 그의 소네트(sonnet)의 주된 주제 중 하나가 인간의 필멸성에 대한 성찰이다. 그의 소네트에서는 자식을 낳아 대를 잇는 것, 그리고 시 작품의 완결성과 이를 바탕으로 한 시인의 명예만이 그 필멸성을 극복할 수 있는 대안이 된다. 결국 유한한 인간이 죽음을 이기는 방법은 생물학적 재생산과 문화적 재생산이라는 말이다. 시를 써서 이름을 날리는 것, 시작을 통해 후대에 기억되는 것은 셰익스피어뿐 아니라 많은 작가들이 희구했던 것이다. 낭만주의 문학에서는 초월에의 지향이 더욱 부각되었고, 낭만주의 작가들 역시 살아있는 유한한 존재로서의 시인이 영원성을 분유할 수 있는 순간을 시를 통해 구현하고자 했다. 필멸이라는 인간의 조건이 역설적으로 불멸을 향한 위대한 문화적 행위와 실천들을 가능케 한 것이다.

역설적 인간 조건이 만들어낸 실천과 그에 동반되는 수사를 예리하게 짚어내고 역사화했다는 점이 김진영교수의 글이 보여준 통찰이며 새롭게 열어준 영역이다. 특히 서구의 전통적인 묘비명(epitaph)과 유사한 듯 하지만, 딱히 동일하다고도 할 수 없는 러시아 시인들의 죽음에 대한 명상은 그 자체로 하나의 고유성을 갖고 있는 독특한 장르인 듯 하다. 시인들이 자신의 죽음을 예견, 상상하는 글이 그런 의미에서 서양의 전통적인 묘비명과 어떻게 형식적으로 혹은 내용적으로 다른지에 대한 보충 논의가 있었다면, 러시아 문학의 한 장르로서의 문화적 맥락과 고유성이 더 뚜렷이 부각되었을 듯 하다. 사족으로 하나 더 덧붙인다면, 죽음에 대한 예측이나 명상을 담는 글들의 경우, 사랑의 수사와는 또 다른 진정성이 담겨 있지 않을까 하는 의문이다. 사랑이나 죽음이나 인간의 보편적 경험이어서 그 경험의 재현이 많은 경우 진부한 클리셰(cliché)에 의존하는 것도 사실이며, 특정한 감정적 경험을 환기하는 최적의 언어, 혹은 가장 경제적인 언어들을 발굴하는 수사의 경쟁이 생겨나는 것도 사실일 것이다. 그러나 인간에게 가장 근본적이고 절실하며 두려운 존재를 상상하면서 갖게 되는 성찰을 수사로만 치부할 수 있을까? 죽음은 인간이 자유의지로 선택하지 않은 것이란 점에서 카뮈가 말했듯이 부조리한 인간의 운명같은 것이다. 이러한 부조리를 마주하고 고뇌하는 상황은 그래서 실존적이다. 자신의 죽음, 혹은 누군가의 죽음에 대한 수사가 단순히 형식화된 수사로만 남을 수 없는 이유일 것이다.

앞의 글이 보여주듯, 죽음에 대한 수사가 단순한 수사가 아니라, "문학적 사실"이라면 그 문학적 사실이 특정 시기의 러시아문학 고유의 것인지, 아니면 인류의 문학적 유산이 공통적으로 갖고 있는 것인지를 차후의 연구들이 집중해볼 만한 가치가 있는 일이다.

사자(死者)의 귀환과 프랑스의 전쟁기념문화

이재원(연세대, 사학과)

I. 기억과 망각 사이에서

제1차 세계대전이 한창인 1915년, '정신분석학의 창시자' 지그문트 프로이트(Sigmund Freud)는 「전쟁과 죽음에 관한 현재적 고찰」[1]이란 논문에서 전쟁의 첫 번째이자 최종적 귀결이라 할 수 있는 '죽음'에 대해 언급했다. 그에 따르면 1914년 전쟁이 발발하기 이전에 인간들은 죽음을 잊고자 했고, 삶으로부터 제거하고자 했다. 그런데 전쟁은, 제1차 세계대전은, 죽음을 '산업적 층위(échelle industriel)'로 안내했으며[2], 그것은 매우 끔찍한 일이었다. 여기에서부터 죽음을 삶에 편입시킬 것을 제안한 프로이트의 혜안(慧眼)이 나타났다. "삶

1 Sigmund Freud: "Zeitgemäßes über Krieg und Tod", *Imago: Zeitschrift für Anwendung der Psychoanalyse auf die Geisteswissenschaften*, IV(1), 1915, pp. 1–12.

2 '산업적 층위로의 안내'는 기술 및 산업의 고도화로 인한 전쟁 사망자수의 급격한 증가를 의미하는 표현으로 사용했다.

을 견디어내는 것은 모든 산자들의 첫 번째 의무이다. […] 옛 격언을 떠올려보자. "평화를 원한다면 전쟁에 대비하라(*Si vis pacem, para bellum*)". 전쟁이 한창인 현재에는 다음과 같은 문장으로 바꿔야 될 것이다. "삶을 원한다면 죽음에 대비하라(*Si vis vitam, para mortem*)"".[3]

1914년에 그 어느 누구도 대량 학살을 상상하지 못했으며, 그것을 경험할 준비도 되어 있지 않았다. 그런데 1918년 거의 천 만 명의 사망자가 발생했고, 우리는 프로이트의 '직감(intuition)'을 다음과 같은 문장으로 대체할 수 있을 것이다. "삶을 원한다면 죽은자들을 기념하라(*Si vis vitam, memento defunctorum*)". 1914년에서 1920년 사이의 죽음의 묘사, 장례행위, 죽음의 부수적 결과들, 추모 행위 등은 전쟁 교전국들에게 전쟁의 비극적 유산에 대해 성찰하게 했다. 1918년 종전 직후, 프랑스의 소설가 마르셀 프루스트(Marcel Proust)는 전쟁 이전에 방문한 프랑스 북부의 피카르디(Picardie) 지역의 성당들을 떠올리며, "나는 영웅적 행위가 추앙되는 장소인 성당보다는 병사들을 더 찬미하며, 그들을 위해 눈물을 흘렸다"고 언급했다. 프루스트가 프랑스, 더 나아가 유럽과 그 외 지역에 거주하는 사람들 대부분의 운명이 어떠할 것인가를 매우 잘 설명한다는 사실에 우리는 놀라지 않는다. 전쟁 후에 우리는 모든 것을, 심지어 성당조차도 다시 건립할 수 있다. 하지만 죽은자들로부터는 무엇이 남아있는가? 아니면 끊임없이 상기되는 "잊지 말자, 절대 그 같은 대재앙을 다시는 용납하지 말자"라는 이 두 가지 명제는 우리에게 무엇을 남겼는가?

지그문트 프로이트는 "우리들의 가족, 부모 혹은 배우자, 형제 혹은 자매 중 한명이 사망했을 때 닥치는 완전한 절망"에 대해 잘 묘사했다. "우리는 그들과 함께 우리들의 희망과 요구, 우리들의 기쁨을 함께 묻는다. 우리는 스스로를 위

3 Annette Becker, "Le culte des morts, entre mémoire et oubli", in Stéphane Audoin-Rouzeau et Jean-Jacques Becker (dir.), *Encyclopédie de la Grande Guerre*, tome II, Paris, Perrin, 2012, p. 745에서 재인용.

로할 수 없으며, 우리가 잃은 사람들을 대체할 그 누구라도 거부하게 된다."[4] 전쟁이 끝나는 1918년에 언급된 프로이트의 이 짧은 메모는 후방의 남성과 여성, 그리고 아이들처럼 이전에 전선에서 싸웠던 이들과 전쟁의 생존자들이 전하고자 하는 핵심적인 메시지일 것이다. 죽음과 애도작업, 그리고 '기억작업의 거장'인 마르셀 프루스트, 지그문트 프로이트, 모리스 알박스(Maurice Halbwachs)[5]의 작품들은 다수의 사적이고도 공적인 죽음의 성격과 이에 대한 기억과 기념양식의 변화를 분석하는 좋은 안내서인 것처럼 보인다. 왜냐하면 그것들은 전쟁 중 혹은 전쟁 이후 몇 년 동안 그들이 목격하고 경험했던 사안들에 대해 쓴 글이고, 전쟁과 전사자들에 대해 성찰하는 데 있어 현대 지성의 틀을 제공해주기 때문이다.

모리스 알박스는 모든 개인적인 기억은 사회적 범위 내에서 구현되고, '공적인 사건들'은 동시대인들에게, 특히 성인으로서의 정체성이 형성되고 있는 젊은이들에게 매우 큰 영향을 미친다고 생각했다. 전쟁 중에, 특히 전쟁 직후에 태어났고, 자신들의 아버지의 영웅적인 혹은 '비극적인' 기억 가운데서 양육된 이들처럼, 1918년에 대다수가 젊은이였던 재향군인들에게 이러한 공적인 사건들이 어떻게 연루되어 있는지를 우리들은 즉시 이해할 수 있다. 프랑스의 철학자 앙리 베르그송(Henri Bergson)과 프로이트의 이론으로부터 출발해서, 알박스는 기억은 동시에 개인적이고 사적이면서도, 꿈과는 반대로, 그것을 공유하고 집단적으로 정의할 수도 있다고 주장한다. 알박스는 또한 '사적인 기억

4 *Ibid.*

5 모리스 알박스(Maurice Halbwachs)는 프랑스의 사회학자이자 '집단기억(mémoire collective)' 개념의 창시자이다. 집단기억 개념은 개인기억과는 다른 것이고, '사회'에 의해서 규정되는 것으로 받아들여지면서 인간의 생화학적-생물학적 기억작용에 대한 연구와는 다른 문화화되는 집단의 기억을 독립적인 주제로 다루게 하였다. 이 개념은 늘 '역사'라는 개념과 대비되고, 개인기억과도 대비되어 왔다. 알박스는 1925년 『기억의 사회적 구성틀』(*Les cadres sociaux de la mémoire*)을 출간한 이래 특유의 집단기억 이론을 펼치며 기억의 사회적 조건과 형성구조 그리고 기능방식을 규명하는데 크게 기여했다.

(mémoire personnelle)'은 각 개인에게 독자적인 흔적으로 간직되어 있지만, 그 흔적은 경우에 따라 공동의 그리고 집단적인 기억과도 합류한다고 주장한다. 집단 기억이 개인의 기억에 대항하지 않는다면 말이다. 왜냐하면 애도작업과 기억작업은 이 두 영역에 모두 포함되어야 하고, 망각과 '억압(refoulement)'이라는 서로 반대되면서도 짝을 이루는 두 개념과 현상에 대한 성찰과도 절대 분리되어서는 안 되기 때문이다. 따라서 기억과 망각은 그것이 개인적인 것이든 집단적인 것이든 간에 섬세하고 복잡한 선택의 문제인 것이다. 기억과 망각 각각은 동시에 과거의 연속성 안에서, 그리고 과거의 선택 안에서 서로 연결되며, 그들의 상호작용은 새로운 연속성을 구성하는 것이다. 1920년대와 1930년대는 기억과 망각이라는 이 복잡한 긴장관계를 경험했던 시기였다. 제1차 세계대전이라는 대재앙 앞에서 그들이 믿었던 이상을 위해 목숨을 바친 대다수의 병사들에게 그들을 계속 존재케 하고, 제1차 세계대전이 '정당한 전쟁(juste combat)'이었다고 계속 믿게 할 수 있는 방법은 애도작업과 기억작업을 통해서만 이루어질 수 있었던 것이다.

죽음의 집단적 현존(現存) 혹은 그것의 지속적인 '회귀'는 많은 재현의 형태를 통해 이루어졌다. 1914년 여름의 많은 희생자들과 그보다 더 많은 1918년 이후의 사망자들은 그의 가족, 그의 마을, 그의 교구(教區), 그의 일터에서, 마찬가지로 지역의 대표자들과 국가적 행사를 통해 국가에 의해서, 그리고 이전의 모든 교전국들에서 '소환'되었다. 전쟁의 열정은 죽은자들에 대한 숭배를 통해 연장되었다. 기념식의 연설들, 문구와 기념비, 무덤, 납골당의 형태로 제안된 이미지들은 이처럼 정치적 의식과 사적 애도는 부차적인 것이 되어버리는 끊임없이 이어지는 기념(식)들을 떠올리게 한다. 가톨릭 교회는 미사에서의 추도사를 추가하면서 상대적으로 덜 중요한 '한 성인'의 기억을 허락했다. 제1차 세계대전의 병사들은 교회력의 공식적인 성인보다는 훨씬 더 조심스러운 방식으로 상기되는, 하지만 1920년대와 1930년대까지 지속적인 방식으로 기억 안에서, 그리고 기억을 통해서, 엄청난 일련의 애도 작업의 대상이 되는, 새로운 '성인'이 되었던 것이다.

전사자에 대한 숭배는 공간과 시간 속에서 규정될 수 있다. 전쟁 기념비에서부터 과거의 전장(戰場) 혹은 병사가 태어난 국가와 지역 안에서 행해지는 다양한 기억의 예식까지, 기념 형태와 관련된 핵심적인 부분들이 정립되기 시작한 것은 제1차 세계대전 종전 직후부터였다. 영국인, 영국 자치령의 주민들, 식민지 부대, 미국인, 또한 독일인들 중 대부분은 그들의 조국으로부터 멀리 떨어진 곳에서 사망했다. 기억의 장소들은 전투가 벌어지고 사망한 곳에서와 마찬가지로 집단적이고 개인적인, 국가적이고 지역적인, 공적이고 사적인, 세속적이고 종교적인 병사들의 고향에서도 형성되었다. 벨기에인, 터키인, 세르비아인 등 모든 다양한 국적의 병사들의 목숨을 앗아간 프랑스 땅의 일부분들은 이들 '병사들의 땅'이 되었고, 이후 그들이 전쟁에 대한 기억을 회상하는 장소가 되었다. 반대로 전사자들에 대한 이러한 숭배 행위는 호주, 캐나다, 남아프리카 공화국, 미국처럼 전장에서 멀리 떨어진 영토 속으로 제1차 세계대전을 들어오게도 했다. 기념을 통해 후방이 전방을 그의 고향으로 데려오는 것처럼 말이다. 프랑스에서 기념비 앞의 유골함이나 여러 시청 안에서 발견될 수 있는 베르됭(Verdun)[6] 지역에서 가져온 흙은 호주의 캔버라(Canberra)에 다시 심어진 다르다넬스(Dardanelles)[7]의 커다란 소나무처럼 장례 행위 가운데, 땅(sol) 그 자체

6 베르됭 전투(Bataille de Verdun)는 제1차 세계 대전 기간 중인 1916년 2월 21일부터 같은 해 12월까지, 서부전선에서 프랑스군과 독일군 사이에 벌어진 가장 거대한 전투이자, 인류 역사상 가장 길고 가장 끔찍한 소모전 중 하나였다. 이 주제와 관련해서는 Antoine Prost, "Verdun", in Pierre Nora (dir.), *Les lieux de mémoire*, T. II "La Nation", vol. 3, Paris, Éd. Gallimard, 1986, pp. 110-141 ; Alain Denizot, *Verdun 1914-1918*, Paris, Nouvelles Éditions Latines, 1996 ; Henri Castex, *Verdun, années infernales. Lettres d'un soldat au front(août 1914-septembre 1916)*, Paris, Imago, 1996을 참조할 수 있다.

7 갈리폴리 전투(Battle of Gallipoli)는 제1차 세계대전 당시 연합군이 오스만 제국을 공격하기 위해 소아시아 다르다넬스 해협(Dardanelles)의 갈리폴리 반도에 상륙하여 벌인 전투이다. 영국뿐 아니라 호주와 뉴질랜드 역사상 최악의 전투로 기록되어 있다. 이 전투에서 전사한 오스트레일리아와 뉴질랜드 연합 군단(ANZAC: Australian and New Zealand Army Corps) 병력이 약 1만명 정도였는데, 당시 호주와 뉴질랜

를 통한 '공간적 점유 현상'을 잘 보여주는 것이다.

이러한 상황에서 우리는 다음과 질문을 던질 수 있다. 프랑스에서는 어떻게 '전쟁에 대한 합의'로부터 '기억에 대한 합의'로 이행할 수 있었을까? 우리는 종전 후 인적 피해를 결산하는 바로 그 순간에 돌과 청동을 통해 '신성한 동맹(Union sacrée)'[8]이 또다시 이루어지는 순간을 경험하게 되었다. 기념비 설립위원회의 심의와 제막연설은 전쟁의 정체성과 애도의 정체성 사이의 긴장 관계를 보여준다. 개인적 차원에서부터 국가적 차원에까지 이르는 애도와 기념의 범위를 추적하면서, 각 지역의 전사자 기념비는 도시와 지방을 연결하고, 전장과 후방을 연결하는 이 사슬의 핵심적인, 그리고 종종 토대적인(fondateur) 요소라는 점을 우리는 확인할 수 있다. 전사자 기념비는 옛 교전국들의 공적이고도 사적인 모든 공간에서 죽음과 애도를 상징하고 표현했던 것이다.

본 연구는 제1차 세계대전 전사자에 대한 프랑스의 전쟁기념문화를 다룬 글이다. 전체 사망자수와 참전군인 대비 사망자 비율, 그리고 총인구 대비 사망자 비율이 다른 참전국보다 높았기에 전쟁의 의미가 각별했던 프랑스는 그 어느 국가보다 열성적으로 전쟁을 기억하고 기념하고자 했다. 본 연구에서는 사회적 기억을 구축하고 전승하는 주요한 매체로서, 프랑스의 기억문화와 기념문화를 논의하는 데 있어 빼놓을 수 없는 위치를 차지하고 있는 전사자 기념비와 군사

드의 총 인구수를 다 합쳐도 5~6백만 정도밖에 안되었던 것을 감안하면 엄청난 피해라고 할 수 있다. 제1차 세계대전 동안 총 사상자 22만명, 그 중 사망자만 10만에 이를 정도로 엄청난 인적 피해를 본 호주와 뉴질랜드는 다른 영국 식민지와 함께 본국 영국에 대해 더 많은 권한을 부여해 줄 것을 요구했고, 그 결과 외교권과 군사권을 획득하면서 독립국이 될 수 있었다. 이 주제와 관련해서는 Charles Bean, *The Story of ANZAC from the Outbreak of War to the End of the First Phase of the Gallipoli Campaign, May 4, 1915*, Sydney, Angus and Robertson, 1921과 같은 저자의 *The Story of Anzac from 4 May, 1915 to the Evacuation of the Gallipoli Peninsula*, Canberra, Australian War Memorial, 1924를 참조할 수 있다.

8 '신성한 동맹(Union sacrée)'은 제1차 세계대전 발발 당시 모든 정치적 또는 종교적 성향의 프랑스인들을 결집시킨 정치적 화해를 지칭하는 용어이다. 이 주제와 관련해서는 Jean-Jacques Becker, "L'Union sacrée, l'exception qui confirme la règle ?", *Vingtième Siècle, Revue d'histoire*, no. 5(janvier-mars 1985), pp. 111-122를 참조할 수 있다.

박물관 혹은 전쟁기념관, 그리고 무명용사의 무덤에 대해 살펴보고자 한다. 이러한 문화적이고도 상징적인 '기념 매체'를 통해 역사상 처음으로 '세계대전'이라는 칭호가 붙은 이 '총력전'이, 특히 제1차 세계대전에서 조국을 위해 희생한 전사자들이, 전후 프랑스인들에게 어떻게 인식되고 경험되며, 기념되는지를 살펴보고자 한다.

II. 전사자 기념비의 건립과 특징

전사자 기념비(monuments aux morts)는 전쟁에서 사망한 수백만의 병사들에 대한 '기억'을 돌 위에 새겨 넣은 기념물을 말한다. 그 중 몇몇 개는 전쟁 중에 독일군에 의해 프랑스 영토에 세워졌다. 프랑스 앤(Aisne) 도(道)의 팡시쿠르트콩(Pancy-Courtecon)의 경우처럼 전사자 기념비는 이따금 그들의 '용감한 적들'에 대한 기억을 자신들의 죽음에 대한 기억과 연관시키기도 했다.[9] 전사자 기념비는 특히 제1차 세계대전 후에 각 지역 단위에서 건립되기 시작했는데,[10]

9 프랑스 북부 앤(Aisne) 도의 팡시쿠르트콩(Pancy-Courtecon)에 위치한 전사자 기념비는 독일인들이 프랑스와 독일 병사들 모두에게 헌사하기 위해 1915년에 건립하였다. 팡시쿠르트콩의 독일 기념비(Monument allemand de Pancy-Courtecon) 혹은 팡키쿠르트코콩 프랑스-독일 기념비(Monument commémoratif franco-allemand de Pancy-Courtecon)라고도 불리는 이 기념비는 전쟁 후 심하게 훼손되었는데, 최근 들어 프랑스 정부에 의해 특별 관리를 위해 보수할 예정인 기념물들 중 하나로 지정되었다. 이와 관련해서는 Thierry Hardier, *Pré-inventaire des sites 1914-1918 en Picardie*, Amiens, DRAC Picardie, Service des Monuments historiques, 1992를 참조할 수 있다.

10 동시에 제1차 세계대전 이후는 마른(Marne) 전투와 베르됭 전투 등을 기념하는 거리 이름이 프랑스 각 지역에 등장하는 시기이기도 했다. 전쟁의 조기 종결에 대한 독일의 희망을 무산시키고 참호전으로 이어지는 시작점이 된 제1차 마른 전투(1914.9.6-9.10)와 독일군을 패퇴시키고 독일 제국의 항복을 촉진시킨 2차 마른 전투(1918.7.15-7.18)와 관련해서는 François Cochet et al., *Les batailles de la Marne: de l'Ourcq à Verdun, 1914 et 1918* (actes du Colloque Batailles emblématiques, combats oubliés, tenu à Reims et Verdun les 6 et 7 mai 2004), Saint-Cloud, Soteca-14-18 éd., 2004 ; Pierre Miquel, *La Bataille de la Marne*, Paris, Plon, 2003을 참조할 수 있다.

조각가들에게 엄청난 시장을 개방한 전사자 기념비 건립은 프랑스 코뮌(commune)[11]의 95%가 참여한 대규모 현상이었다.[12]

전사자들을 기념하겠다는 생각은 제1차 세계대전 중에 이미 실현될 수 있었다. 묘지에서의 기념식은 1916년 만성절(萬聖節. Toussaint)[13] 때 여러 도시에서 행해졌다. 1916-1917년에 코뮌들은 기념비를 짓기 위한 예산을 가결했고, 각 지역의 조각가들은 이미 할인가격을 제시했다. 기념물 관련한 거대한 시장이 개장됐고, 1919년 초부터 주물공장과 장례회사는 그들의 안내서를 지방 자치체들(municipalités)에게 발송했다. 프랑스는 몇 년 사이에 기념비로 뒤덮이게 되었다. 1922년에 전체 코뮌의 3분의 2에 해당하는 지역들이 자신들의 기념비 제막식을 거행할 수 있었다. 결국 현재에는 프랑스 전체 코뮌의 5% 정도만이 전사자 기념비를 갖고 있지 않은 상태이다.

국가의 재정적 지원이 너무나 미미했기 때문에 기념비 건립에 대한 기획은 '아래로부터' 시작되었다고 할 수 있다. 국가는 이 '기념의 물결'의 전체적인 윤곽만을 그리고자 했다. 코뮌들은 그들의 계획안을 도위원회(commission préfectorale)에 제출해야 했지만, 일단 허락이 떨어지면 자신들이 원하는 형태의 기념비를 세울 수 있었다. 원칙상 묘지에 세워진 기념비만이 종교적 표식(表式. insigne)을 새겨 넣을 수 있었다 하지만 십자가 모양의 상징물을 달지 않는

11 코뮌(commune)은 프랑스 공화국의 최하위 행정 구역을 말한다. 프랑스 낱말 commune은 12세기에 "공동 생활을 함께 나누는 사람들의 작은 모임"을 뜻하는 중세 라틴어 communia에서 유래했다고 전해진다. 프랑스의 코뮌은 파리 시와 같이 200만의 거주자가 있는 도시일 수 있고, 1만명이 사는 마을이 될 수 있고, 겨우 10명이 사는 촌락일 수도 있다.

12 André Loez, *Le 100 mots de la Grande Guerre*, Paris, PUF, coll. Que sais-je?, 2013, p. 78.

13 만성절(Toussaint)은 그리스도교의 모든 성인을 기념하는 축일로 가톨릭 교회에서는 '모든 성인의 축일'이라고 한다. 영어로는 All Saints Day, 혹은 일반적으로 할로우마스(Hallowmas. hollow는 앵글로 색슨어로 '성인'이라는 의미)라고도 한다. 서방 교회에서는 11월 1일, 동방교회에서는 성령강림제 후의 처음 일요일에 축하하는데, 이 축일은 4세기에 동방 교회에서 시작해서 점차로 서구로 전해졌으며, 그날이 11월 1일로 거의 고정된 것은 800년경이라고 한다.

다는 조건으로 허락된 공공장소에 세워진 전사자 기념비가 제막식 당일 날 종교적 표식이 새겨진 형태로 소개되는 경우도 종종 있었다.[14]

1870-1871년의 보불전쟁 이후에 몇몇 전사자 기념비가 프랑스에 등장하기 시작했지만 1914-1918년의 그것들과는 매우 달랐다. 수적으로 19세기의 기념비는 훨씬 적었으며, 전쟁이 끝난 후 20년이 지난 다음에야 세워졌고, '프랑스의 기억(Souvenir français)'이라는 전국 차원의 협회(association nationale)에 의해 건립되었다. 특히 그것은 위인을 상기시키는 동상처럼 단순히 전사자를 상기시키는 '기호'(記號. signal)에 불과했다. 반면에 1914-1918 기념비는 적어도 프랑스에서는 훨씬 더 '야심적'이었다. 그것은 처음부터 행사나 집회를 목적으로 구상되었으며, 이를 위해 기념비를 중심으로 한 추모 공간이 마련되었다. 전사자 기념비는 주민들이 막대한 희생을 '기념'하는 예식의 목적으로 구상되었던 것이다. 이런 의미에서 기념비는 11월 11일 제1차 세계대전 종전기념일과 분리될 수 없었다. 모든 기념비가 이러한 기능을 공유했지만 그것은 각각의 지역적 선택으로부터 기인한 섬세한 차이를 드러내 보이기도 했다. 그 차이는 공공 광장, 학교나 시청의 뜰, 묘지나 교회 주변 등과 관련한 장소의 선택, 다소 어두운 내용 혹은 영웅적인 내용을 담을지에 대한 비문의 선택, 그리고 특히 화려하거나 그렇지 못하거나, 조각이 있거나 없거나, 상징과 비유가 많거나 적거나 등의 기념물 성격의 선택 등에서 나타났다. 각 코뮌의 재정의 차이, 크기의 차이, 저명인사나 압력단체, 특히 재향군인이나, 가끔은 관대한 자선가의 영향력 등은 이러한 다양성을 설명하는 요인으로 작용했다. 하지만 이러한 요인들은 전쟁에 부여하는 의미의 매우 큰 차이를 보여주기도 했다. 기념비는 각 지역의 정치 문화를 표현하는 서로 대조적인 해석을 제안하기도 했다.

14 François Cochet et Rémy Porte, *Dictionnaire de la Grande Guerre, 1914-1918*, Paris, Robert Laffont, 2008, p. 726.

전사자 기념비에 대한 앙트완 프로(Antoine Prost)의 선구적인 연구[15] 이후 역사가들은 종교적 혹은 공화주의적 건물들과 비교해서 전사자 기념비의 소재지라 할 수 있는, 그것이 세워진 장소에 대해 분석하면서 그것이 상징하는 바에 대한 연구를 지속해나갔다. 기념비 형태의 다양성 뒤에는 전체적인 일관성이 있었다. 이 기념비들은 각 지역의 '죽은자들', 특히 제1차 세계대전에서 사망한 이들에 대한 기억을 중심으로 '산자들'을 결집하기 위해 구상되었다. 사자(死者)들의 이름은 일반적으로 알파벳순으로 새겨졌고, 주로 "프랑스를 위해 사망한 그들의 자식들에게(A ces enfants morts pour la France)"라는 문구가 적힌 헌사가 비석이나 기념탑 위에 새겨지면서 그들을 영예롭게 했다. 물질적 수단이 허락된다면 조각물에 다양한 정치 문화를 반영하는 수많은 의미들을 부여하기도 했다. 솜(Somme) 도의 프로야(Froyart)에 위치한 조각물처럼 적진을 향해 돌진하는 병사의 모습(사진 1)을 형상화하거나, 노르(Nord) 도의 우플린(Houplines)에서처럼 깃발을 들고 보초를 서는 초병의 조각(사진 2)이 새겨지기도 했다. 피레네아틀란티크(Pyrénées-Atlantiques) 도의 사르(Sare)에서처럼 사망한 병사를 안고 눈물짓는 슬픔에 잠긴 어머니 상(像)(사진 3)이나, 비엔느(Vienne) 도의 루뎅(Loudun)에서처럼 프랑스 공화국의 상징인 베어진 보리를 들고 있는 여인의 형상을 담은 조각물(사진 4)이 설치되기도 했다.

또한 전사자 기념비에서는 종종 어느 지역 출신인지가 강조되었다. 피니스테르(Finistère) 도의 푸에낭(Fouesnant)에 세워진 비탄에 빠진 여인상은 브르타뉴(Bretagne) 지방의 전통 의상을 입고 있으며(사진 5), 마른(Marne) 도의 뤼드(Ludes)의 기념비는 "포도밭을 지키는 병사"를 형상화했다(사진 6).[16]

---

15 Antoine Prost, "Les monuments aux morts. Culte republicain? Culte civique? Culte patriotique?" *in* Pierre Nora (dir.), *Les lieux de memoire 1,* Paris, Gallimard, "Quarto", 1997(1984), pp. 199-223.

16 프랑스의 전사자 기념비와 관련해서는 다음과 같은 저서들을 참조할 수 있다. Annette Becker, *Les monuments aux morts. Memoire de la Grande Guerre*, Paris, Errance, 1988 ; Rémi Dalisson, *11*

[사진 1] Froyart

[사진 2] Houplines

[사진 3] Sare

[사진 4] Loudun

[사진 5] Fouesnant

[사진 6] Ludes

novembre, du souvenir à la mémoire, Paris, Armand Colin, 2013 ; Franck David, *Comprendre le monument aux morts. Lieu du souvenir, lieu de mémoire, lieu d'histoire*, Paris, Ed. Codex, 2013 ; Claude Dupuis, "Des monuments aux morts entre laïcité et ferveur religieuse: un patrimoine hors-la-loi ?", *In Situ*, 29 décembre 2014 ; Nicolas Offenstadt (éd.), *Le chemin des Dames de l'événement à la mémoire*, Paris, Stock, 2004.

장례와 기억, 애국심의 이러한 다양한 편차 안에서 어떤 기념비는 그 독창성으로 놀라움을 자아내기도 했다. 예를 들어 에로(Hérault) 도의 로데브(Lodève)에 있는 쓰러져있는 병사들 앞에 서있는 네 명의 여인상(사진 7)의 모습처럼, 니스(Nice)의 언덕을 등지고 있는 30m 규모의 조각물(사진 8)처럼 거대한 크기로, 뫼즈(Meuse) 도의 사모뉴(Samogneux)에 위치한 방독면을 쥐고

[사진 7] Lodève

[사진 8] Nice

[사진 9] Samogneux

[사진 10] Gentioux

있는 수염이 없는 애송이 병사(사진 9)처럼 그 '사실성'으로, 매우 드문 경우이긴 하지만 "전쟁에 저주를(Maudite soit la guerre)"이라는 문구가 새겨진 기념비 앞에서 주먹을 들어 올리고 있는 아이가 조각된 크뢰즈(Creuse) 도의 장티우(Gentioux)의 기념물(사진 10)처럼 평화주의 메시지 등으로 보는 이들에게 적잖은 충격을 주기도 했다.[17]

전사자 기념비 유형과 관련하여 우리는 간략하게 4가지 형태로 구분할 수 있다. 먼저, 공민(公民) 기념비(monument civique)는 가장 빈번하게 발견할 수 있는데, 전체 기념비의 절반을 차지하고 있다. 그것은 우리가 흔히 생각하듯이 군인의 형상을 한 동상이 아니라, 비(碑. stèle) 혹은 오벨리스크(obélisque) 모양의 기념탑이다. 광장이나 교차로, 혹은 주로 시청 근처에 설치된 이러한 기념비는 간결하고, 일반적으로 공식적인 문구로 한정된 비문을 지닌다. 예를 들어, "*** 코뮌이 프랑스를 위해 몸 바친 우리의 자식들에게(La commune de *** à ses enfants morts pour la France)"나 아니면 기껏해야 조금 더 선명한 관례적인 표현인, "조국을 위해 목숨을 바친 (전사자들)(morts pour la patrie)"이라는 문구가 자주 사용된다. 여기서는 그 어떤 비문도 승리를 기념하지 않는다. 또한 돌이킬 수 없는 인명 손실을 강조하지도 않는다. 기념비는 다만 그들의 의무를 다한 시민들에게 경의(敬意)를 표할 뿐이다.

두 번째, 애국적-공화주의적(patriotiques-républicain) 기념비는 보다 더 명확하다. 항상 공공장소에 위치하면서 승리를 언급하고 죽은자들의 영웅주의를 찬양한다. 기념비와 함께 조각된 동상들이 자주 그러한 측면을 재현한다. 비석 위에 있는 병사의 흉상, 보초를 서거나 도로를 막고 있는 초병. 가끔 월계수 관을 흔들거나 독일 황실의 상징인 독수리상을 짓밟는 병사, 승리의 여신이 병사

17 평화주의 메시지를 담고 있는 전사자 기념비와 관련해서는 Danielle Roy et Pierre Roy, *Autour des monuments aux morts pacifistes en France*, Suresnes, Fédération nationale laïque des Associations des Amis des Monuments pacifistes, républicains et anticlericaux, 2006(2e éd.)을 참조할 수 있다.

에게 관을 씌워주는 형상 등이 그렇다. 애국적 비유는 빈번히 발견된다. 게다가 몇몇 비석 위에 위치한 프랑스의 상징인 수탉은 조각의 구성을 풍성하게 하고, 여기저기서 바람에 흩날리는 깃발은 들라크루아(Eugène Delacroix)의 <민중을 이끄는 자유의 여신>을 연상케 한다. 하지만 이러한 유형의 기념비에서는 병사들이 항상 발견된다.

장례적-애국적(funérraires-patriotiques) 혹은 애국적-보수적(patriotiques-conservateurs) 기념비라고도 명명되는 세 번째 유형에서 종종 발견되는 것은 깃발을 부여잡고 죽어가는 부상당한 병사, 더 나아가 십자가에 매달린 예수의 수난상이나, '조국'의 발아래 쓰러져 있는 병사의 모습이다. 종종 십자가 모양으로 만들어진 이러한 형태의 기념비들은 희생과 대의를 위한 헌신을 강조한다. 영웅 이상으로 전쟁에서 사망한 전사자들은 적어도 이곳에서는 순교자들이었다.

매우 드문 경우에 해당되는 기념비의 마지막 형태는 그들의 희생의 정당함을 증명하지 않고 단지 사망했을 뿐이라고 말하는데, 그것은 평화주의를 암시하는 기념비이다. 몇몇 특별한 경우에 기념비는 분명하게 전쟁을 저주한다. 게다가 그것은 무덤 앞에서 우는 여자들, 과부와 고아들, 그리고 쓰러져 있는 사람들을 보여준다. 전쟁을 미화하거나 전사자들을 영웅시하기 않은 가운데, 묘지나 묘비에 다른 어떤 설명 없이 "우리들의 전사자들에게(A nos morts)"라는 문구를 새겨 넣을 뿐이다.

그러나 종종 기념비는 이러한 범주화에서 벗어나 있다. 특히 기념비에 커다란 예산을 쏟아 붇는 도시에서 그렇다는 말이다. 기념비가 여러 비유를 담고 있고, 전쟁과 모든 정당화의 다양한 해석을 제공하는 경우는 드물지 않다. 왜냐하면 전사자들은 동시에 시민, 영웅, 순교자 그리고 '헛된 희생자'이기 때문이다. 반면에 작은 코뮌은 그들의 정치적 방향성을 보다 잘 기념비에 반영한다. 니에브르(Nièvre) 도는 묘비나 기념탑의 3분의 2가 그런 경향을 지니고 있고, 보클

뤼즈(Vaucluse) 도는 절반 정도가, 루아르아틀란티크(Loire-Atlantique) 도는 단지 40%가 그러한 메시지를 담고 있다. 첫 번째 언급한 니에브르(Nièvre) 도는 대부분 공민적 해석을 채택했으며, 두 번째, 보클뤼즈(Vaucluse) 도는 보다 의도적으로 애국적-공화주의적 메시지를, 그리고 세 번째 루아르아틀란티크(Loire-Atlantique) 도는 애국적-보수적 해석을 채택했다. 확실히 그것은 성향의 문제이고, 애국적-보수적 기념비들을 심지어 좌파 코뮌에서도 발견할 수 있다. 하지만 각 지역의 정치문화의 다양성에 기반하지 않았다면 국가적 기념은 틀림없이 보다 덜 폭넓고 의견도 덜 일치했을 것이다.

III. 박물관에 진열된 전쟁

박물관은 기억과 기념의 '문화적 매체' 중 가장 대표적이며 최종적인 형태라 할 수 있다. 그곳은 단순하게 어떤 역사적인 사건이나 인물에 관한 유물들을 전시해놓은 장소일 뿐 아니라, 과거의 기억과 현재의 기억이 만나는 기억의 매개 역할을 하는 공간이며, 과거 세대의 사회와 문화에 대해 현 세대가 만들어낸 지속가능한 기념의 장소이기도 하다. 다양한 종류의 박물관 중 군사박물관은 전쟁에 대한 기억을 확인하고 보존할 수 있는 곳이다. 군사박물관은 전쟁과 관련하여 중요한 의미를 지니는 특정 인물이나, 유물, 역사적 사건을 과거의 잔해에서 끄집어내어 영구 불멸한 의미를 부여한다. 한 국가 또는 그 내부의 유력한 사회집단은 그곳에서 그들이 간직하고 계승하고자 하는 기억을 더욱 공고히 하고, 자신들 집단의 보편적 정당성을 주장한다. 집단적 기억을 형성하는 과정에서 이들은 자신의 정당화, 집단적 구심력, 애국심 등을 꾀하는 정치화 현상을 수반하기도 한다. 이곳에서는 과거의 기억이 쉽게 정형화되어 상상력을 제한하며 전쟁 당시의 정황을 왜곡하기도 한다.[18]

군사박물관은 자라나는 학생들의 올바른 역사적 기억의 형성이나 교육적 사고력을 제한하기도 하며, 국가주도의 '역사 만들기' 혹은 '국민 만들기'가 이루어지는 공간으로서 기능한다. 군사박물관을 통해 형성되는 문화적 기억에는 이렇듯 정치적 의도가 개입되기도 하지만 그것이 국가 혹은 지배집단의 일방적 의도의 관철이기만 한 것은 아니다. 문화적 기억화 과정에서 집단 구성원들이 갖는 복합적인 기억의 양상이 반영되기도 한다. 공식화된 역사적 서술로서의 전쟁의 기억과 다양한 사회집단의 '집단적 기억'은 서로 만나고 충돌하면서 새로운 '기억의 문화'를 만들어내기도 하는 것이다.[19]

전장(戰場)에 대해 소개하는 미슐렌 가이드(Mechelin Guide) 책자의 도움으로 군인 가족들과 상이군인들을 옛 전선(戰線)으로 안내하는 '기억 여행'이 제1차 세계대전 직후부터 프랑스에서 마련되었다. 동시에 전쟁의 박물관화(mise en musée) 역시 시작되었다. 1914년부터 자신들의 아파트에서 제1차 세계대전 관련한 서적, 신문, 그림 자료 등의 다양한 자료들을 모으기 시작한 부유한 기업가인 르블랑 부부(Louise et Henri Leblanc)는 1,200여점에 이르는 자신들의 수집품을 1917년 국가에 기증했다. 이 자료들을 바탕으로 하여, "제1차 세계대전의 역사를 분석하고 기술하기 위해 이 사건과 관련한 모든 자료와 흔적을 수집한다"는 목적으로 전쟁 도서관-박물관(Bibliothèque-musée de la Guerre)이, 그리고 뒤이어 현대국제자료도서관(BDIC: Bibliothèque de documentation internationale contemporaine)[20]이 건립되었다. 같은 해 영국 런던에서는 제국전쟁박물관(IWM: Imperial War Museum)이 문을 열었다.

---

18 이재원,「양차 대전과 프랑스의 전쟁기념문화: 파리(Paris) '군사박물관(Musée de l'armée)'을 중심으로」,『군사』, 제72호(2009.8), pp. 272-273.

19 *Ibid.*, p. 273.

20 현대국제자료도서관(BDIC)은 프랑스에서 제1차 세계대전 관련 자료들을 처음으로 수집, 보관하기 시작했던 도서관이자 박물관이며, 풍부한 양차 대전과 '68운동' 관련 자료들로 특화되어 있는 곳이다. 인터넷 홈페이지 주소는 http://www.bdic.fr/la-bdic 이다.

프랑스에 건립된 군사박물관들은 파리의 군사박물관(musée de l'armée)이나 사라예보(Sarajevo)에서 암살당한 프란츠 페르디난트(Franz Ferdinand)가 입었던 피로 물든 제복을 전시한 비엔나의 군사사 박물관(Heeresgeschichtliches Museum)처럼 처음에는 특히 무기들과 군복들을 전시했다. 그것은 1967년에 개장한 베르됭 기념관(mémorial de Verdun)의 원래의 기획방향이기도 했다. 1990년대부터 박물관 관리 기술이나 소장품 등에 대해 연구하는 박물관학(muséographie)은 새롭게 변모하였다. 이러한 방향 전환의 선구적 작업은 후방에서 제작된 애국주의적인 물품들을 포함시키면서 1992년 문을 연 페론의 1차 대전 역사관(Historial de la Grande Guerre de Péronne)[21]을 통해 이루어졌다.

1998년 개장한 벨기에 서부에 위치한 이퍼르(Ieper/Ypres)의 플랑드르 박물관(In Flanders Fields Museum, Ypres), 2007년에 문을 연 마른 14-18 박물관(Marne 14-18), 2015년에 새롭게 단장된, 현재 용의 동굴(Caverne du Dragon)이라 불리는 슈맹데담 박물관(musée du Chemin des Dames) 등 최근에 새롭게 개장하거나 변모된 박물관에서는 방문객에게 전쟁 중의 병사들의 여정을 경험하게 하는 등, 종종 독창적인 프로그램을 발견할 수 있다. 하지만 이러한 전시기획들은 런던의 제국전쟁박물관의 소리와 빛을 동반하는 재현된 가짜 참호나, 전쟁에 대해 전혀 반성적이지 않은 터무니없는 규모로 특징지어지는 2011년에 개장한 메오(Meaux) 박물관에서처럼 가끔은 '바람직하지 못한 방향'으로 나아가고 있다는 비판을 받기도 한다.

아마도 '진정한 군사박물관'은 건물과 조각, 참호의 잔해, 지뢰로 파인 웅덩이, 파괴된 마을들, 묘비, 산재해 있는 묘지와 무덤들이 섞여 있는, 과거의 전선

---

21 1차 대전 역사관(Historial de la Grande Guerre de Péronne)의 인터넷 홈페이지는 http://www.historial.org 이며, 이 박물관에 대해서는 Romain Fathi, *Représentations muséales du corps combattant de 14-18*, Paris, Ed. L'Harmattan, 2013 ; Elisabeth Gillion, "L'historial de Péronne reconfiguré", *Le Moniteur*, no. 5757, 28 mars 2014을 참조할 수 있다.

을 구성하는 매혹적인 '야외 박물관'일 것이다. 하지만 그것의 보존은 독일 군대에 의해 건설된, 프랑스 군묘지(cimetiére Saint-Charles de Sedan) 바로 앞에 위치한 독일 건물에 대한 스당(Sedan) 시청의 파괴 계획과 이에 대해 유엔(UN) 교육과학문화기구인 유네스코(UNESCO)가 인류세계문화유산으로 이 유적지 전체를 지정하고자 하는 행보처럼 복잡한 논쟁의 쟁점이 되기도 한다.

여기서 우리는 프랑스의 가장 상징적이고 대표적인 군사박물관 혹은 전쟁기념관이라 할 수 있는 파리의 군사박물관(musée de l'armée)에 대해 조금 더 고찰해보고자 한다. 지난 2005년 창립 100주년을 맞이한 군사박물관의 역사와 전쟁기념 공간으로서의 기능과 역할 등에 대해 조망해봄으로써 프랑스 전쟁기념문화의 단면을 구성해보고자 한다.

앵발리드(Hôtel des Invalides)[22] 내에 위치한 군사박물관은 기존의 포병박물관(Musée d'Artillerie. 1796년에 설립)과 군역사박물관(Musée historique de l'Armée. 1896년에 설립)이 1905년 6월 26일 통합되면서 탄생하였다. "군사적 임무를 상기시키고, 국방정신을 고취시키는데 기여한 특별한 유물들을 보존하고, 소개하며, 풍성케 할 목적"으로 설립된 군사박물관은, 1896년부터 1900년까지 군역사 박물관장직을 역임했으며, 군사박물관 설립계획 입안자였던 방송(Joseph Émile Vanson) 장군이 규정한 바와 같이, '시각교육'을 제공하고 군복무 기간 동안 젊은 군인들에게 부과된 군사교육을 보완하기 위해 과거 군대의 기념물과 기억을 보존하는 곳이었다.[23]

---

22 나폴레옹의 무덤으로 유명한 앵발리드는 상이군인을 의미하며, 1671년 리베랄 부뤼앙(Liberal Bruant)이 루이(Louis) 14세의 명령에 의해 부상병과 퇴역장병들을 위해 파리에 설립한 건축물이다. 앵발리드는 크게 나폴레옹의 묘가 안장되어 있는 돔 성당(Dôme), 적군으로부터 노획한 깃발을 진열해 놓은 생 루이 데 쟁발리드 성당(St. Louis des Invalides), 그리고 선사시대부터 2차 대전까지의 각종 무기와 갑옷, 문장 등을 전시한 군사박물관으로 이루어져 있다. 이와 관련해서는 박신의, 「영광과 상처가 공존하는 곳, 앵발리드와 군사박물관」, 함세웅 편, 『세계의 역사기념시설』, 민주화운동기념사업회, 2006, pp. 249-258을 참조할 수 있다.

23 Caroline Barcellini, "Le musée de l'Armée ou l'enseignement par les yeux de la défense patriotique",

제1차 세계대전은 국민을 단합시키는 중심지로 군사박물관을 변모시켰다. 군인들에게 군사교육의 장소이자 '애국 교육'을 시행할 목적으로 설립된 군사박물관은 전쟁 종결 후 많은 프랑스인들에게 국방을 위한 공간으로보다는 과거의 승리를 기념하는 장소로 인식되었다. 제1차 세계대전과 함께 군사박물관은, 처음으로, 전선에서 수집해온 유물들을 관람하며, 기억을 되새기며, 전사자들을 추모하러 온 많은 관객들의 관심을 불러일으켰다.[24]

물질적인 어려움에도 불구하고 군사박물관은 전쟁이 진행되는 전장에서 가져온 전리품으로 풍성해졌으며, 전대미문의 관객의 증가를 경험하게 되었다. 활동이 침체된 다른 박물관과는 달리 제1차 세계대전은 군사박물관의 발전을 위한, 박물관 운영과 기념방식의 새로운 방향을 제시하는 결정적인 계기가 되었다. 전쟁전리품을 보러 온 군인뿐 아니라 일반 시민 관람객들의 범람은 박물관의 사명을 변화시켰는데, '애국적 교육'이나 '국방의 사명'과 더불어 전쟁 초기부터 형태를 띠기 시작하고, 전간기(戰間期) 동안 발전했던 '기념의 공간'으로서의 역할을 수행하게 되었던 것이다. 전쟁 종결 후 이 박물관의 앞뜰에서는, 프랑스 국가인 라 마르세이예즈(La Marseillaise)가 울려 퍼지는 가운데, 적군으로부터 노획한 깃발과 부대의 상징물 등과 같은 전리품들을 대통령과 군사박물관장에게 바치는 엄숙한 의식이 거행되었고, 병사들에게 훈장이 수여되었으며, 장례식 혹은 화장한 유골을 이전하는 의식이 치러졌다. 또한 개선문과 함께 군사박물관은 제1차 대전 종전 기념식을 거행하는 공식적인 장소로서의 입지를 굳히게 되었다. 결국 제1차 세계대전은 군사박물관의 위치를 공고히 하는 결정

Historiens & Géographes, no. 390(avril 2005), p. 171.

24 현재는, 매년 군사박물관을 찾는 수백만의 방문객 중 외국인이 차지하는 비율이 80%에 이른다. 그들 중 상당수는 나폴레옹 시대의 유물이나 갑옷류에 관심을 갖는 반면, 초·중고, 대학생들은 양차 대전에 흥미를 느끼며 박물관을 찾는다. 연구자들이 아닌 일반 방문객의 경우 그렇다는 얘기이다. 2003년 88만명의 관람객에 이어 2005년에는 100만 명이 이곳을 방문했다. Caroline Barcellini, "Le musée de l'Armée ou l'enseignement par les yeux de la défense patriotique", pp. 181-183.

적인 계기가 되었다. 이데올로기적이기보다는 '내재적 현상'으로서의 배타적인 민족주의적 연설이 지속되었음에도 불구하고, 군사박물관은 프랑스 전 국민에게 다가서는 중요한 박물관으로 자리매김하게 되었던 것이다.[25]

Ⅳ. 무명용사의 무덤

무명용사의 무덤은 제1차 세계대전과 함께 등장했으며, 프랑스 뿐 아니라 여러 나라에서 발견되고 있다. 이러한 유형의 무덤에서는 전투에서 전사한 이름을 알 수 없는, 가끔은 국적을 알 수 없는, 한 병사의 유해를 보관한다. 익명의 전사자로서 무명용사는 전장에서 사망한 모든 전사자들을 대표하고 상징한다.

무명용사의 무덤에 안장된 최초의 병사는 프랑스인과 영국인이었다. 프랑스에서는 제1차 세계대전에서 사망한 전사자들에게 경의를 표하며 1920년 11월 11일 종전기념일에 파리의 개선문 아래에 무명용사의 무덤이 마련되었으며, 영국에서는 런던의 웨스트민스터(Westminster) 사원에 무명용사의 유해가 안장되었다.

무명용사의 무덤은 프랑스에서 정치적 의식(儀式)에 있어 반드시 거쳐야 할 장소이다. 정권이 바뀔 때마다 정부 각료들은 매번 제1차 세계대전 종전기념일인 11월 11일의 기념식에서 개선문 아래 있는 무명용사의 무덤 앞에 모여 고개를 숙이고, 꺼지지 않은 불꽃을 다시금 되살아나게 했다. 프랑스는 이 특별한 무덤에 어떤 의미를 부여했던 것일까?[26]

---

25 이재원, 「양차 대전과 프랑스의 전쟁기념문화: 파리(Paris) '군사박물관(Musée de l'armée)'을 중심으로」, pp. 284-285.

26 프랑스의 무명용사의 무덤과 관련해서는 다음과 같은 저서들을 참조할 수 있다. Jean-Pascal Soudagne, *L'histoire incroyable du Soldat inconnu*, Paris, Ouest-France, 2008와 Jean-François Jagielski, *Le*

무명용사의 시신을 매장하고 영예롭게 하는 행위는 살아남은 자들이 한 장소에 함께 모여 전사자들에게 국가가 경의를 표하고, 발견되지 않고, 매장되지 않고, 신원이 확인되지 않은 약 25만명의 병사들인 모든 '실종자들'에게 상징적인 무덤을 제공하기 위한 목적으로 전쟁 기간 중에 시작되었다. 이러한 결정은 프랑스 하원에 의해 1919년에 가결되었다.

1870-71년의 보불전쟁 후에 7월 왕정기의 프랑스 국왕이었던 루이 필립(Louis-Philippe) 1세의 아들인 조앵빌 왕자 프랑수아 도를레앙(Le prince François Ferdinand d'Orléans, prince de Joinville)이 발의한 의견을 반영하여 렌느(Rennes)의 프랑스 기억위원회(Souvenir français) 위원장인 프란시스 시몽(Francis Simon), 외르에루아르(Eure-et-Loir) 도 의원 모리스 모누리(Maurice Maunoury)는 각각 1916년 11월과 1918년 7월에 프랑스 "무명용사의 명예를 기리기 위하여" 기념물을 건립할 것을 제안했다. 1919-1920년 『르 주르날』(*Le Journal*) 신문이 주도한 언론 캠페인의 결과 이와 관련한 기본원칙이 정해졌고, 1920년 11월 3일 연금부 장관(ministre des pensions) 앙드레 마지노(André Maginot)는 "오늘 부로 아홉 곳의 전장의 사령관들에게 그들이 비밀리에 지정한 장소에 개인적 신원이 확인되지 않았지만 프랑스인으로 판명된 병사의 시신을 매장하라는 명령문을 전달했다"고 발표했다. 1920년 11월 11일 프랑스 공화국은 제3공화국 탄생 50주년을 기념했고, 그날을 제1차 세계대전에서 전사한 모든 병사들을 대표하는 '무명용사'에게 경의를 표하는 날로 지정했다.[27]

무명용사를 어느 곳에 묻을 것인가의 문제는 격렬한 논쟁의 대상이었다. 전쟁 이후 대부분이 평화주의 이념 하에 결집한 좌파 사회주의자들은 이 계획의

Soldat inconnu. Invention et postérité d'un symbole, Paris, Imago, 2005.

27 François Cochet et Rémy Porte, *Dictionnaire de la Grande Guerre, 1914-1918*, pp. 973-974.

'군국주의화'를 지탄했고, 예산 편성에 투표하지 않았다. 무명용사의 무덤에 묻힐 전사자의 종교도 고려의 대상이었다. 매장 장소와 관련해서는, 우선은 나라에 공헌한 위인들이 묻힌 일종의 국립묘지인 팡테옹(Panthéon)이 채택되었지만, 새롭게 민족주의 진영이 다수를 점한 의회는 이곳을 너무 '좌편향적인 기억의 장소'라고 판단했다. 최종적으로 개선문(Arc de triomphe)이 선택되었지만, 프랑스식 의회 합의방식을 통해, 두 장소는 가결된 법안을 통해 서로의 역할 분담이 이루어졌다. 즉, "팡테옹은 1914-1918 전쟁 중 전장에서 사망한 신원이 확인되지 않은 병사 중 한명의 유해를 보존한다. 이 병사의 유해의 이전(移轉)은 1920년 11월 11일에 엄숙하게 거행된다"(1조). 그리고 "같은 날 (이전된) 무명용사의 유해는 개선문 아래 안치될 것이다"(2조). 이 두 조항은 11월 8일 의회에 의해 채택되었으며, 같은 날 국무회의는 개선문을 무명용사의 무덤 장소로 선택했고, 9일에 상원이 이를 승인했다.[28]

1920년 11월 8일, 당시 베르됭에 주둔했고, 병역기간이 단지 몇 달 밖에 남지 않았던 132 보병연대 소속의 21살의 병사 오귀스트 씬(Auguste Thin)은 무명용사의 유해를 개선문으로 이전할 "가장 자격이 있는 이등병 병사"로 지목되었다. 베르됭 요새의 천장 아래서 전쟁연금, 수당, 보조금 부 장관(Ministre des Pensions, Primes et Allocations de Guerre)인 앙드레 마지노(André Maginot)의 참석 하에 그는 서로 다른 여덟 곳의 전장(戰場)을 상징하는 관(棺. cercueil)들 중 하나를 선택했다. 오귀스트 씬은 여섯 번째 관을 선택했다. 채택되지 않은 나머지 7개의 다른 '무명용사들'은 4천 명이 넘는 그들의 전우들과 함께 베르됭의 포부르그파베(Faibpirg-Pavé) 국립공동묘지에 매장되었다. 그들의 무덤에는 다음과 같은 묘비명이 적혀 있었다. "여기에 제1차 세계대전 기간 프랑스의

28 Annette Becker, "Les soldats inconnus", *Historiens et Géographes*, no. 364(1998), pp. 136-137.

어딘가에서 사망한 아마도 당신의 아버지, 아들, 형제, 친구가 잠들어있다".[29]

1920년 11월 11일, 무명용사의 관이 파리에 도착했고, 같은 날 납골당에서 팡테옹으로 이전한 레옹 강베타(Léon Gambetta)[30]의 심장이 들어있는 성골함(聖骨函)과 합류했다. 그날 온종일 무명용사가 들어있는 관을 자식을 잃은 아버지와 어머니, 그리고 고아로 구성된 가상의 가족이 동반했다. 결국 개선문의 아치 아래 무명용사가 매장된 날은 1921년 1월 28일이었다. 화강암으로 만든 포석에는 다음과 같은 문구가 새겨졌다. "여기에 조국을 위해 숨진 프랑스 병사가 잠들어있다 (1914-1918) (Ici repose un soldat français mort pour la patrie (1914-1918)". 1922년 10월 24일, 의회 투표를 통해 제1차 세계대전 종전기념일인 11월 11일은 국경일로 선포되었다. 1923년 11월 11일, 마침내 개선문 아래 상징적인 꺼지지 않는 횃불이 공식적으로 점화되었다.

다른 여러 나라들에서도 '무명용사들'은 제1차 세계대전 후에 매장되었다. 1920년 11월 11일, 영국의 한 무명용사가 구축함 베르됭(Verdun)을 통해 영국으로 들어왔고, 1923년에 웨스트민스터(Westminster) 사원에 매장되었다. 1921년 유사한 기념식이 미국(워싱턴), 이탈리아(로마)와 벨기에(브뤼셀)에서 마련되었다. 1922년은 체코슬로바키아와 신생국 유고슬라비아, 그리스와 폴란드가 무명용사를 추념할 차례였다. 1923년에 불가리아, 루마니아, 오스트리아 역시 신원이 확인되지 않은 '영웅'을 매장했다. 바이마르(Weimar) 공화국의 독일은 다른 나라들과 같은 절차를 밟는 것을 거부했고, 나치 정권 초기에 무명용사에 대한 숭배가 시작되었는데, 그것은 상당 부분 히틀러의 기호에 맞추어진 것이었다. 나치 체제를 위한 도구화는 당시 명백해 보였다. 호주는 제1차 세계

---

29 François Cochet et Rémy Porte, *Dictionnaire de la Grande Guerre, 1914-1918*, p. 974.

30 레옹 강베타(Léon Gambetta)는 프랑스 제3공화국 초기의 정치가이자 저널리스트로 보불전쟁 당시 영웅적 행동으로 유명했으며, 공화국의 기반 확립에 노력한 인물이다. 그의 삶과 정치적 여정에 관해서는 Jean-Marie Mayeur, *Gambetta, la patrie et la république*, Paris, Fayard, 2008을 참조할 수 있다.

대전에서 사망한 전사자 중 한명에게 캔버라(Canberra)에 기념비를 건립하면서 애도를 표했다. 캐나다는 2000년이 되어서야 무명용사의 유해를 오타와(Ottawa)의 기념비 앞에 안치했다.[31]

최근에 들어서도 다양한 문화적 매체를 통해 '무명용사의 무덤'은 '회귀'한다. 프랑스 영화감독 베르트랑 타베르니에(Bertrand Tavernier)의 영화「삶과 그 밖의 아무것도」("La Vie et rien d'autre")(1989)에서는 제1차 세계대전 이후, 전사한 무명용사들의 신원을 밝혀주는 일을 하는 들라플란(Delaplane)이라는 소령의 이야기를 담고 있다. 2008년도에는 크리스토프 베베르(Christophe Weber)가 제작한 52분 분량의 다큐멘터리「무명용사의 마지막 전투」("La dernière Bataille du soldat inconnu")가 France 5 채널에서 방영되었다. 미국의 록그룹 도어스(Doors)는 "Waiting for the Sun"(1968)이라는 앨범에서 자신들이 작곡한 "The Unknown soldier"라는 노래를 선보였다. 프랑스의 비디오게임 회사인 유비소프트(Ubisoft)는「무명용사: 1차 대전의 기억」("Soldats Inconnus: Mémoire de grande guerre"/"Valiant Hearts: The Great War")(2014)라는 제목의 게임을 출시했다.

프랑스 공화국은 전쟁을 기억하고 기념하는 방법을 알았으며, 조국을 수호하고 적으로부터 구한 이름 없는 이들을 기억하고자 하는 열정을 소유하고 있었다. 무명용사의 무덤이 만들어진 후, 수 년 동안 파리를 방문한 프랑스 지방인들과 외국인들은 모두 개선문의 무덤을 방문했다. 공식적인 기념식과 군사행진에 대한 기억 이상으로 프랑스인들은 전쟁으로부터 연유한 희생의 가치와 불행에 대해 기억하고자 했다.[32]

---

31 Georges Pineau, "Les Soldats-inconnus", *L'illustration*, 16 novembre 1935, pp. 326-328.

32 이재원,「1차 대전과 프랑스의 전쟁기억문화」,『인문과학』, 87집(2008년 2월 28일), p. 73

V. 전쟁의 잊혀진 자들을 위하여

제1차 세계대전의 전사자 누구나 국가의 기념 속에서 자신들의 위치를 발견할 수 있었다. 누구나 혹은 '거의 누구나'라고 얘기할 수 있을 것 같은데, 왜냐하면 어떤 이들은 이 기념의 영역에서 제외되거나 주변화되었기 때문이다. '참호 속의 병사의 기억'이라는 독점적인 경험에 기반한 기억은 젠더적 측면에서 여성, 연령대에서는 노인과 아이, 신분적 측면에서는 포로, 지리적 측면에서는 점령당한 이들이 경험한 특별한 소수의 고통들을 망각 속으로 내던져버리는 경향이 있다.

왜 프랑스 북부와 동부 지역의 점령당한 이들, 그리고 말할 것도 없이 유형(流刑)에 처해진 이들과 전쟁 포로들은 기억의 대상에서 제외되었는가? 그 이유는 전쟁 중에 점령당한 프랑스인들은 지리적이고 상징적으로 일종의 국가 영토 밖에 놓여있는 상태였기 때문이었다. 사실 전쟁은 죽은자들의 땅과 피가 섞여있는 참호로 상징되는 신성한 국가의 영토를 수호하는데 있었다. 이 영토 밖에서 혹은 멀리 떨어진 곳에서 전쟁을 치른 이들이 이 기억으로부터 제외되는 것을 어떻게 강요받지 않을 수 있었겠는가? 어떻게 영웅들이 아닌 희생자들을 기념할 수 있었겠는가? 기아와 추위, 강제노역, 강간, 인질, 징용 등으로 불리는 '기념할 수 없는 것들'을 어떻게 기념할 수 있었겠는가? 집단적 고통의 특수성은 하지만 몇몇 기념비에서 읽혀지기도 한다. 총력전의 모든 불행의 행렬들은 규탄의 대상이 된다. 당연히 그것은 고통 자체에 대한 강조라기보다는 독일의 범죄행위에 대한 비판이라 할 수 있다. 종종 기념비들은 이러한 지역들에서 '후방'이 '전방'이 되었다는 사실을 상기시키면서 그 속에 병사와 시민들이 갇혀있는 폐허를 상징한다.

우리는 특히 용인할 만한 예외적 혹은 특별한 상황으로 만들기 위해 기억을 위조하려고 애쓴다. 알자스 지역에서 기념비의 병사는 종종 벌거벗은 모습으로 등장한다. 군복 없이 어떻게 프랑스인인지 독일인인지를 구별해낼 수 있을까? 이같이 스트라스부르(Strasbourg)의 피에타(pietà) 상(像)은 그녀의 무릎에 나신(裸身)의 사망한 두 아들의 시신을 안고 있는 어머니의 모습을 담고 있다. "우리의 전사자들에게(A nos morts)"라는 문구는 의도적으로 "조국을 위한(Pour la patrie)"이라는 문구를 생략했음을 의미한다. 보불전쟁 이후 40년 동안 독일에 점령된 후에 강제적이라기보다는 암묵적으로 타협을 통해 조금씩 변화된 상황에서 알자스(Alsace)와 모젤(Moselle) 지역에 거주하는 다수의 주민들에게는 결국 어떤 조국을 말하는 것인가?[33] 마찬가지로 체코 북서부 수데텐(Sudeten) 지역에 거주하는 다수의 독일인들은 체코인 군단 병사들이 국가의 부흥에 대한 공을 인정받은 것과는 대조적으로 전쟁 참여에도 불구하고 기념의 대상이 되지 못했다.

우리는 알자스인들, 체코의 수데텐 지역의 독일인들과 이탈리아 민족통일주의자들의 승자/패자 개념의 특수성을 인지하지 못했다. 제1차 세계대전이라는 대재앙이 야기한 '집단적 억압(refoulement collectif)'은 독일과 새로 탄생한 오스트리아에서 1871년 보불전쟁의 패배 이후의 프랑스에서와 같은 차원으로 진행되었다. 기념식에서 그들은 절대 패배에 대해 이야기하진 않았지만 항상 전쟁에서 패배한, 더 나아가 배신을 당한 영웅들에 대해서는 이야기했다. 우리가 잘못 생각하는 가운데 공산주의자, 유대인, 사회주의자, 자유국가 등등을 패배의 책임자로 지목할 때, 정치적이고 문화적인 결과는 비극적이 된다. 왜냐하면 아무데도 물러설 수 없는 것은 죽음이고 공허이기 때문이다. 이 공허에 대해 집단적으로 복수하는 것은 트렌토(Trento)의 거대한 무솔리니의 지하분묘가 보여주는 것처럼 파시즘의 목표 중 하나였다.

33 1871년 보불전쟁에서 프랑스의 패배 이후 알자스와 모젤 지역은 독일의 영토가 되었다가, 독일의 패배로 끝난 제1차 세계대전 종전 이후에는 다시 프랑스의 영토가 되었다.

기념비를 중심으로 거행되는 각 지역의 기념식 혹은 무명용사의 묘지에서 행해지는 국가의 기념식은 도처에서 부정할 수 없는 구도적(求道的) 내용을 지니고 있다. 각각의 기념식은 개선문, 웨스트민스터 사원, 알링턴 묘지 혹은 군사 묘지나 교구의 묘 등에서 행해지는 기념식의 다양한 요소들 안에서, 시련을 겪은 후 고통에도 불구하고 삶을 지속할 힘을 발견하기 위한 신성한 형태를 그곳에서 빌리면서, 개인적 장례 의식에 영향을 주는 요소들을 발견하게 된다. 우리는 이처럼 전쟁 후의 시기에 진정한 애도의 증거를 도처에서 목격하게 된다. 그것은 집단적 차원에서 드러나지만 가족의 차원에서도 나타난다. 마찬가지로 병사들과 재향군인의 운동, 평화주의, 무덤을 향한 순례 혹은 전장으로의 여행은 다수의 죽음의 함축성과 밀접하게 연결된다. 폴 리쾨르(Paul Ricoeur)가 모리스 알박스의 이론에 의존하는 것처럼 “세대를 초월하는 기억의 이 현상”을 이해하기 위해서는 죽음의 고통에 대해 숙고해야 한다. 그것이 우리가 배운 역사와 살아있는 기억 사이의 이행을 보장할 수 있는 것이다. 기억들 간의 경쟁과 망각의 경쟁을 잊지 않는 가운데 말이다.

참고문헌

비교역사문화연구소 기획, 전진성·이재원 엮음, 『기억과 전쟁: 미화와 추모 사이에서』, 휴머니스트, 2009.

알라이다 아스만, 변학수·백설자·채연숙 옮김, 『기억의 공간』, 경북대학교출판부, 1999.

이재원, 「양차 대전과 프랑스의 전쟁기념문화: 파리(Paris) '군사박물관(Musée de l'armée)'을 중심으로」, 『군사』, 제72호(2009.8), pp. 271-301.

전진성, 『역사가 기억을 말하다』, 휴머니스트, 2005.

함세웅 편, 『세계의 역사기념시설』, 민주화운동기념사업회, 2006.

Ashplant, T.G., Dawson, Graham and Roper, Michael, *The politics of war memory and commemoration*, London, New York, Routledge, 2000.

Audoin-Rouzeau, Stéphane, "Monuments aux morts, commémorations et deuil personnel après la Grande Guerre", in *Mélanges de l'Ecole française de Rome*, no. 112, 2000, pp. 529-547.

_______, *Cinq deuil de guerre 1914-1918*, Paris, Noêsis, 2001.

Audoin-Rouzeau, Stéphane et Becker, Jean-Jacques (dir.), *Encyclopédie de la Grande Guerre*, tome I et II, Paris, Perrin, 2012,

Barcellini, Caroline, "La commémoraiton de la Grande Guerre au musée de l'Armée (1914-1925)", *Guerres mondiales et conflits contemporains,* no. 212(octobre 2003), pp. 3-16.

Becker, Annette, *Les monuments aux morts. Memoire de la Grande Guerre*, Paris, Errance, 1988.

_______, "Les soldats inconnus", *Historiens et Géographes*, no. 364(1998), pp. 135-139.

_______, *Oubliés de la Grande Guerre. Huminitgaire et culture de guerre*, Paris, Hachette Littératures, 1998.

Blanchard, Pascal et Veyrat-Masson, Isabelle (dir.), *Les guerres des mémoires. la France et son histoire*, Paris, La Découverte, 2008.

Bouillon, Jacques et Petzol, Michel, *Mémoire figée, mémoire vivante*, Paris, Citédis, 1999.

Capdevila, Luc et Voldman, Danièle, *Nos morts. Les sociétés occidentales face aux tués de la guerre (XIXe-XXe siècles)*, Paris, Payot et Rivages, 2002.

Cochet, François et Grandhomme, Jean-Noel (dir.), *Les soldats inconnus de la Grande Guerre. La mort, le deuil, la memoire*, Saint-Cloud, 14-18 Editions, 2012.

Cochet, François et Porte, Rémy, *Dictionnaire de la Grande Guerre, 1914-1918*, Paris, Robert Laffont, 2008.

Collectif, "Les monuments aux morts de la Premiere Guerre mondiale", *Guerres mondiales et Conflits contemporains*, no. 167(juillet 1992).

Connerton, Paul, *How Societies Remember*, Cambridge, Cambridge University Press, 1989.

Dalisson, Rémi, *11 novembre, du souvenir à la mémoire*, Paris, Armand Colin, 2013.

_______, *Histoire de la mémoire de la Grande Guerre*, Paris, Ed. Soteca 2015.

David, Franck, *Comprendre le monument aux morts. Lieu du souvenir, lieu de mémoire, lieu d'histoire*, Paris, Ed. Codex, 2013
Ditter Jr., Francis J. and Ditter Vida Y., *The Collective Memory*, New York, Harper Colophon, 1980.
Dupuis, Claude, "Des monuments aux morts entre laïcité et ferveur religieuse: un patrimoine hors-la-loi ?", *In Situ*, 29 décembre 2014.
Fathi, Romain, *Représentations muséales du corps combattant de 14-18*, Paris, Ed. L' Harmattan, 2013.
Fussell, Paul, *The Great War and Modern Memory*, London, New York, Oxford Univ. Press, 1975.
Gillis, John R. (ed.), *Commemorations. The Politics of National Identity*, Princeton, New Jersey, Princeton University Press, 1996.
Hargrove, June, "Souviens-toi", Monuments historiques, no. 124(décembre 1982-janvier 1983).
Jagielski, Jean-Francois, *Le soldat inconnu. Invention et postérité d'un symbole,* Paris, Imago, 2005.
Julien, Elise, *Paris, Berlin. La memoire de la guerre, 1914-1933*, Rennes, Presses Universitaires de Rennes, 2010.
Le Naour, Jean-Yves, *Le soldat inconnu. La guerre, la mort, la memoire*, Paris, Gallimard, "Decouvertes", 2008.
Loez, André, *Le 100 mots de la Grande Guerre*, Paris, PUF, coll. Que sais-je?, 2013.
Michel, Johann, *Gouverner les m*émoires. Les poitiques mémorielles en France, Paris, PUF, 2010.
Mosse, George, *Fallen Soldiers: Reshaping the memory of the World Wars*, New York, Oxford University Press, 1990.
Offenstadt, Nicolas (éd.), *Le chemin des Dames de l'événement à la mémoire*, Paris, Stock, 2004.
Perot, Jacques, "Centenaire du musée historique de l'Armée", *Revue de la Société des Amis de Musée de l'Armée*, no. 112, 1996-II.
Pineau, Georges, "Ses Sodats-inconnus", *L'Illustration*, 16 novembre 1935, pp. 326-328.
Prost, Antoine, *Les Anciens Combattants et la société française, 1914-1939*, tome III: *Mentalités et idéologiques*, Paris, Presses de la Fondation nationale des sciences politiques, 1977.
______, "Les monuments aux morts. Culte republicain? Culte civique? Culte patriotique?" *in* Pierre NORA (dir.), *Les lieux de memoire 1,* Paris, Gallimard, "Quarto", 1997(1984), pp. 199-223.
Ricoeur, Paul, *La mémoire, l'histoire, l'oubli*, Paris, Ed. du Seuil, 2003.
Rive, Philippe *et al.* (dir.), *Monuments de memoire. Monuments aux morts de la Grande Guerre*, Paris, Secretariat d'Etat aux Anciens Combattants et Victimes de Guerre, 1991.

Roy, Danielle et Pierre, *Autour des monuments aux morts pacifistes en France*, Suresnes, Fédération nationale laïque des Associations des Amis des Monuments pacifistes, républicains et anticlericaux, 2e éd., 2006.

Sherman, Daniel J., *The Construction of Memory in Interwar France*, Chicago, The University of Chicago Press, 1999.

Winter, Jay M., *Sites of Memory, Sites of Mourning. The Great War in European Cultural History*, Cambridge, Cambridge University Press, 1995.

Winter, Jay et Sivan, Emmanuel (ed.), *War and Remembrance in the XXth Century*, Cambridge, Cambridge University Press, 1999.

논평과 토론

이재원, 「사자(死者)의 귀환과 프랑스의 전쟁기념문화」

라영순(중앙대, 중앙사학연구소)

무엇도 죽음을 피해갈 수는 없다. 늘 그 자리에 있을 것 같은 밤하늘의 별도 그 수명이 다하면 죽음을 피하지 못한다. 다만 죽음의 물리적 표현 형태가 다른 것일 뿐. 아마도 죽은 뒤엔 사라지고 기억에서 지워지는 것이 만고의 섭리였을 것이다. 그러나 인간은 죽음마저도 문화로 구현해냈다. 잊지 않기 위해, 그리고 기억하기 위해 여러 문화 장치를 고안하여 자연의 섭리인 죽음의 본질적 속성을 배반해왔다.

어쩌면 그것은 죽음이라는 것이 인간에게 자연스럽게 찾아오는 것만은 아니었기 때문일지도 모른다. 죽음에도 때가 있는 것이지만, 인간은 그 때를 스스로 '창조'해왔다. 그것도 시간이 갈수록 더욱 더 많이. 전쟁은 죽은 자를 창조했고, 동시에 사람들로 하여금 죽은 자들을 기억하게 했다. 인간은 기념, 추모 등등의 명목으로 기억이라는 사슬을 채워 죽은 자들을 여전히 현실의 세계에 붙잡아두고 있다.

그러한 관점에서 본다면 제 1차 세계 대전은 역사가들이 분석하는 그 역사적 의미와는 무관하게 이러한 기억의 문제에 불을 지핀 사건이었을 것이다. 지속된 제국주의적 갈등이 세계 대전이라는 극적인 형태로 표출된 유럽에서 죽음은 삶의 또 다른 일부분이었다. 참호 속에서 어제 나와 이야기를 나누던 동료는 오늘 그 자리에서 주검으로 누워있었다. 사람들은 죽음을 어떠한 형태로든 받아들여야 했고, 죽음은 삶을 위해서도 재현되어야 했다. 마치 죽음이 늘 내 옆에서 춤을 추던, 페스트가 창궐한 중세 말의 유럽처럼. 그러므로 저자는 전사자를 기념하는 양식들을 관통하는 핵심적 모습들이 정립되기 시작한 1차 대전 시기의 프랑스를 중심으로 죽음이 어떻게 가시화되었는지를 전사자 기념비와 박물관 그리고 무명용사의 묘비를 통해 구체적으로 묘사하고 있다.

가장 일반적인 것은 죽은 자들 그 자체를 기리는 기념비일 것이다. 저자에 따르면 이미 1차 대전 기간 도중 건설되기 시작한 기념비는 1922년에 이미 프랑스의 전체 꼬뮌 중 2/3에 달하는 지역에 건립되었으며, 더 나아가 오늘날의 기준으론 95%의 꼬뮌이 전사자 기념비를 보유하고 있다고 한다. 그렇다면 거의 모든 곳에서 전사자 기념비를 볼 수 있다는 것이나 다름이 없는데, 여기서 특히 주목할 것은 그러한 기념비의 건설 행위가 종교가 거의 배제된 채 중앙정부가 아닌 각 소규모 꼬뮌의 자발적인 움직임으로부터 시작되었다는 점이다. 즉 오늘날에도 종종 언급되는 프랑스의 강력한 세속주의 공화국의 이념을 구현하는 장소로 전사자 기념비를 선택하고 건립했으며, 이러한 죽은 자들의 장소를 통해 살아 있는 사람들을 정치적으로 계몽하고 있는 것이다.

그렇기에 전사자 기념비의 모습은 곧 그것이 이루고자 하는 사회를 드러낸다. 저자는 이에 대해 몇 가지의 유형을 제시한다. 그 중 일반적으로 쉽게 연상되는 병사의 모습을 조각해 자극적 문구와 함께 배치한 기념비는 다수를 차지하지 않는다, 다수를 차지하는 것은 한정된 문구를 가진 간결한 형태의 오벨리스크 또는 비석 모습의 기념비로, 이러한 형태의 기념비는 그 엄숙함을 통해 의무를 다한 시민에게 사의를 표하는 객관적이며 중립적인 진중한 국가의 모습을 표상한다.

한편, 죽은 자들에 개한 기억과 기념은 그것을 대표하는 공공기관인 박물관에서도 구현된다. 사실 박물관은 단순히 기념할만한 무엇을 모아두기만한 곳이 아니다. 단순한 유물의 배치를 넘어 박물관의 건립을 위한 위치 선정과 어떻게 건축할 것인지를 위한 건축구조의 결정에 이르기까지 박물관과 관련된 모든 요인들이 그것이 목표로 하는 기억과 기념을 위한 장치로 활용된다. 물론 그러한 의도가 모두 주입되기만 하는 것은 아니다. 그것을 받아들이는 관람객은 스스로의 역사와 기억에 의존해 박물관의 요소들을 내재화한다. 그리고 이러한 과정 속에서 '새로운 기억의 문화'가 형성된다. 그러므로 박물관 역시 죽은 자들을 빌어 정치를 수행하는 공간이 된다.

수많은 박물관들이 프랑스에 존재하지만, 저자는 이와 관련해 파리 앵발리드 내의 군사박물관을 조망한다. 기존의 포병박물관과 군역사박물관이 통합되며 출범한 군사박물관은 1차 대전을 지나며 극적인 변화를 체험하게 된다. 즉 '애국 교육'과 '국방 홍보'의 공간에서 전사자를 기념하는 공간으로 변화하게 된 것이다. 전쟁을 지나며 쌓인 수많은 전쟁의 흔적들은 이 곳에 안치되었고, 종전 기념식을 거행하는 공식 공간으로 자리매김하며 죽은 자와 산 자의 혼종의 공간으로 탈바꿈하게 된다.

마지막으로 전쟁에서 죽은 자들의 마지막 한 구석에는 바로 이름 모를 자들이 위치한다. '무명용사'는 그 자체로 논쟁적이다. 어찌되었든 모두들 표식을 가지고 참전한다. 그리고 참전의 형태가 어떤 것이었든 전쟁의 이면에는 그들을 애타게 기다리고 염원하는 가족들과 그들을 지원하는 국가가 존재하기에 병사들은 고립되어 존재하지는 않는다. 그러나 무명의 존재들은 그러한 도식을 배반한다는 점에서 가장 극적인 존재들이다. 그들은 이름도 없이 싸운 용사가 되었고, 신원조차 찾아낼 수 없게 만드는 인간성의 말살이 일어나는 현장으로서의 전쟁의 참혹함을 부각시키는 존재이자, 이름까지 버려가며 국가를 위해 희생한 민족의 최후의 보루이자 영웅으로 자리매김한다. 그러므로 용사가 된 무명의 존재는 그가 누구인지와 무관하게 정치적 상징이 되어 버린다.

1차 대전은 무명용사와 관련한 이러한 정치적 논쟁과 갈등을 본격적으로 드러낸 사건이었다. 수많은 사망자들은 그만큼의 무명용사를 만들어냈고, 이러한 무명용사의 묵과할 수 없는 존재감은 전쟁 그 자체를 둘러싼 담론의 문제로 승화되었다. 전쟁에서 가장 많은 사망자를 기록한 국가 중 하나인 프랑스에서 이 문제는 이념간의 충돌로 드러났고, 결과는 개선문의 무명용사 묘의 건설로 귀결된다. 프랑스는 호들갑을 떨지는 않았다. 마치 전사자 기념비가 그러하듯 국가는 감사를 표하고 기억을 할 뿐이다. 그 기억은 여러 형태로 전유되겠지만, 오늘날에도 프랑스인들은 여전히 불꽃을 유지하고 있을 뿐이다.

저자는 이 글에서 죽음이 어떻게 현실의 공간에서 살아있는 자들의 문화로 재현되는가의 문제를 추적하고 있다. 전사자 기념비를 통해 프랑스라는 국가 공간 전반에 걸쳐 기억이 가시적으로 재현되고 있으며, 박물관이라는 특수한 문화 공간을 통해 이들의 죽음이 장엄한 의식으로 재구성되었으며, 무명용사의 묘를 통해 누구도 배제되지 않은 채 기억되는 모습을 저자는 소상히 그려내고 있다. 그러나 여기서 머물지 않고 저자는 글을 마치며 중요한 문제를 지적한다. 누구나 국가의 기념 속에서 자신의 위치를 발견한 것처럼 보이지만, 사실 기억에서 제외되고 소멸된 사람들이 여전히 존재하고 있다는 점을 말이다. 바로 이점이 기억하고 기념하는 현상에 내재된 정치성을 가장 극적으로 드러낸다. 우리는 지금 누구를 기억하고, 무엇을 기억하며, 어떻게 기억하고 있는가. 특히 이 글과 관련지어 본다면, 한국전쟁이후의 과정 속에서 우리는 누구를, 무엇을 그리고 어떻게 기억하고 있는가. 우리도 예외 없이 직면해있는 질문이며 분명 답을 밝혀야 하는 질문일 것이다.

발표자 및 토론자

발표자

박무영 연세대학교(연구분야 : 국어국문학)

홍윤희 연세대학교(연구분야 : 중어중문학)

윤혜준 연세대학교(연구분야 : 영어영문학)

김진영 연세대학교(연구분야 : 노어노문학)

이재원 연세대학교(연구분야 : 사학)

토론자

박애경 연세대학교 (연구분야 : 국어국문학)

차혜원 연세대학교 (연구분야 : 사학)

윤민우 연세대학교 (연구분야 : 영어영문학)

신경숙 연세대학교 (연구분야 : 영어영문학)

라영순 중앙대학교 (연구분야 : 사학)